Jürgen Vollheim

Abenteuer Afrika
Unter Löwen und Elefanten in der Wildnis

Der Autor

Jürgen Vollheim wurde 1946 in Halberstadt geboren. Nach dem Facharbeiter mit Abitur und der abgeleisteten Wehrpflicht studierte er Maschinenbau und Patentrecht und arbeitete als Patentingenieur bei der Deutschen Reichsbahn. Nach der Wende studierte er Arbeitsrecht und leitete bis zu seinem Ausscheiden aus dem Berufsleben in einem Großbetrieb der Deutschen Bahn die Personalabteilung und später den Einkauf.

Heute genießt er seinen Ruhestand und hat viel Zeit, um zusammen mit seiner Frau Doris die gemeinsame Leidenschaft für die Wildnis Afrikas auszuleben. Beide sind unter anderem Mitglieder der Zoologischen Gesellschaft Frankfurt (ZGF), die weltweit – so auch in Afrika – viele Natur-und Tierschutzprojekte organisiert, finanziert und leitet. Auch dem Verein „Target", der seit Jahren mit großen Erfolgen gegen die Beschneidung der Mädchen in Afrika kämpft, gehören sie an.

Bibliografische Information der Deutschen Bibliothek:

Die Deutsche Bibliothek verzeichnet diese Publikation in der
Deutschen Nationalbibliothek; detaillierte Daten sind im Internet über
http://dnb.ddb.de abrufbar.

Jürgen Vollheim
Abenteuer Afrika – Unter Löwen und Elefanten in der Wildnis

Erstausgabe
© 2013 Jürgen Vollheim

Fotos: Doris Vollheim
Satz und Umschlaggestaltung: Carolin Reinitz
Herstellung und Verlag: BoD – Books on Demand, Norderstedt

ISBN 978-3-7322-4869-8

Inhalt

Erfahrungen und Gefahren der Wildnis

Danksagung

Ich möchte mich bei all denen bedanken, die an mich und mein Buch geglaubt und mir bei seiner Entstehung mit Rat und Tat zur Seite gestanden haben.

In erster Linie danke ich meiner Ehefrau Doris, die mir auf allen meinen Abenteuerreisen ein zuverlässiger Begleiter ist und die ihr Herz, ebenso wie ich, an Afrika verloren hat. Sie hat mit einfachster Technik und unter oftmals komplizierten Bedingungen die Fotos zu diesem Buch geschossen.

Mein besonderer Dank gilt den Mitarbeitern der Agentur IdeenGut in Halberstadt, namentlich aber meiner Lektorin Carolin Reinitz, die von Anfang an von der Idee dieses Buches elektrisiert war, die mich motiviert und unterstützt hat, wann immer es nötig war. Mit ihrem fachlichen Können, aber auch mit ihrem Einfühlungsvermögen als Tierfreundin und Globetrotterin hat sie das Buch gelesen und mit Unterstützung von Stefan Deike gestaltet. Dafür, liebe Caro, meinen herzlichsten Dank.

Danken möchte ich aber auch allen Leserinnen und Lesern für Ihr Interesse an Afrika und seiner einzigartigen Tierwelt. Ich hoffe, dass ich Ihnen mit diesem Buch einen kleinen Einblick in eine andere Welt geben und Ihr Bewusstsein ein wenig dafür schärfen kann, dass die wilden Tiere Afrikas ein Naturschatz sind, den es zu behüten und zu beschützen gilt.

Vorwort

Der afrikanische Kontinent und seine einzigartige Tierwelt haben mich schon als Kind fasziniert. Schon damals habe ich davon geträumt, die Wildtiere Afrikas irgendwann einmal in freier Wildbahn zu erleben. Immer wieder habe ich die Bücher „Brehms Tierleben" und die spannenden Erlebnisberichte von Hans Schomburg über seine Großwildjagden in Afrika zu Beginn des 20. Jahrhunderts gelesen, die mich unglaublich gefesselt haben.

Gerade Schomburg war es, dem schnell bewusst wurde, dass die gnadenlose Trophäenjagd auf das afrikanische Großwild ein Verbrechen an Natur und Tierwelt ist. Fortan wurde er zum vehementen Kämpfer für den Schutz der Wildtiere.

Mitte des 20. Jahrhunderts war es Prof. Bernhard Grzimek, der mit seinem Sohn Michael die Wildtiere der Serengeti erstmals per Flugzeug zählte und den dortigen Tierschutz aufbaute. Sein Straßenfeger „Ein Platz für Tiere" in der ARD hat mich ebenso gefesselt wie viele andere Menschen zu jener Zeit.

Mit der politischen Wende 1990 öffneten sich die Türen zu allen Ländern der Welt. Trotzdem vergingen noch einige Jahre, ehe wir den Entschluss fassten, die Wildnis Afrikas selbst einmal zu erleben. Die Vorbereitungen dauerten lange, zumal selbst die Reisebüros kaum Erfahrung hatten.

Dann endlich, im September 1999, starteten wir zusammen mit unserer Tochter Anke für zwei Wochen nach Afrika. Wir verbrachten eine Woche in Namibia und eine Woche in Südafrika. Damals ahnten wir noch nicht, dass diese Reise nur der Einstieg in unsere Abenteuerwelt werden sollte.

Afrika ist rund drei Mal so groß wie Europa, hat aber nur anderthalb Mal so viele Einwohner. Angesichts der extremen geographischen und klimatischen Bedingungen ist Menschenleben in weiten Teilen, insbesondere in den Wüsten und im Regenwald, nicht möglich.

Zu unserer „zweiten Heimat" sind mittlerweile die Savannengebiete in Ost- und Südafrika geworden, in denen die uns allen bekannten afrikanischen Wildtiere leben. Dazu gehören auch die „Big Five": Elefant, Nashorn, Büffel, Löwe und Leopard.

Auf unseren Reisen kommt es uns darauf an, die Grenzen zwischen Mensch und Tier auszuloten und die Verhaltensweisen der wilden Tiere zu studieren, auch gegenüber dem Menschen. Wir zelten mitten in der Wildnis und sind rund um die Uhr von Tieren umgeben.

In unserer Heimat werden wir während unserer Filmvorträge oft gefragt, ob das, was wir tun nicht lebensgefährlich sei und wir nicht Angst hätten, irgendwann einmal von Löwen gefressen zu werden. Darauf gebe ich immer die gleiche Antwort: Wenn einer der Fleischfresser Afrikas, egal ob Hyäne, Leopard oder Löwe, den Menschen auf der Speisekarte hätte, könnte ich keine Vorträge mehr halten. Und natürlich könnte ich auch dieses Buch nicht schreiben.

Sie können sicher sein, dass alle Geschehnisse so dargestellt sind, wie sie sich wirklich abgespielt haben. Nun wünsche ich Ihnen spannende Unterhaltung beim Lesen. Folgen Sie mir in die Wildnis Afrikas. Und haben Sie keine Angst – es wird Ihnen nichts geschehen.

Jürgen Vollheim

Afrikas Jahreszeiten

Die Jahreszeiten sind mit denen in Deutschland nicht zu vergleichen. In den Wüsten regnet es höchst selten bis nie, im Regenwald ständig und in den Savannengebieten spricht man von Regen- und Trockenzeiten. Wenn die Regenzeit etwa im April endet, beginnt die Trockenzeit, in der es bis etwa Oktober niemals regnet. Anfangs sind die Landschaften übersät von frischem Grün und unzähligen Blumen. Tagsüber ist es angenehm warm und nachts kann es, besonders in den Höhenlagen Ostafrikas sehr kalt werden. Nachtfrost ist keine Seltenheit, sodass wir schon einige Male alles übereinander ziehen mussten, was wir an Kleidung dabei hatten.

Im Laufe der Trockenzeit wird es dann von Tag zu Tag wärmer. Die Wasserstellen und Flüsse trocknen aus, die Bäume werfen die Blätter ab und auch das Gras vertrocknet. Diese Zeit ist unsere übliche Reisezeit. Die Tiere, die sich in der Regenzeit in den Weiten der Savanne verteilen und verstecken können, zieht es nun an die wenigen verbleibenden Wasserstellen, wo sie schon von den Fleischfressern erwartet werden. Das sind die Stellen, an denen wir die Zelte aufbauen. So haben wir die Tiere Tag und Nacht um uns.

Ab September steigen die Temperaturen. Es wird heißer und schwüler, auch nachts wird es nicht mehr kühler als 25 Grad. Wir selbst haben in Sambia, am Ufer des Sambesi, Temperaturen von über 40 Grad erlebt. Auch weltuntergangsartige Gewitter mit schweren Regenfällen gehören dort zum Tagesablauf. In der Serengeti wurden wir einmal auf der Nachmittagssafari von einem solchen Unwetter überrascht. Auf einmal wurde es nachtdunkel, nur die Blitze aus allen Himmelsrichtungen erleuchteten die gruselige Szenerie. Voller Unbehagen dachten wir an unser kleines Zelt und an unsere Buschküche unter freiem Himmel. Der Regen fiel in einer solchen Menge vom Himmel, dass die Landschaft um uns in wenigen Minuten unter Wasser stand. Wie unser Fahrer dennoch den Weg zurück zum Camp gefunden hat, ist uns bis heute ein Rätsel. Glücklicherweise blieb unser Camp von der Gewitterfront verschont, nur wenige Meter vor unserem Zelt hatte es aufgehört zu regnen. In Afrikas Wildnis braucht man schon ab und an ein wenig Glück.

Namibia

Ein Traum wird wahr

Am 20. September 1999 ist es endlich soweit. Von Frankfurt/Main fliegen wir durch die Nacht nach Windhoek, in die Hauptstadt Namibias. In dem vollbesetzten Doppelstockflugzeug werden die Minuten zu Stunden, zumal an Schlaf nicht zu denken ist. Was wird uns in Afrika erwarten? Werden sich unsere Vorstellungen von Natur und Tierwelt bewahrheiten? Müde und zerschlagen von dem anstrengenden Flug landen wir am Vormittag des nächsten Tages auf afrikanischem Boden. Als wir das Flugzeug verlassen, betreten wir eine andere Welt. Uns empfangen trockene Wärme bei 30 Grad und unbekannte Gerüche – aber keine Tiere, von einigen buntschillernden Glanzstaren abgesehen. Soweit das Auge reicht, ist nichts zu sehen als rötlichgelber Sand sowie einige Bäume und Büsche. Namibia ist ein Wüstenland, mehr als doppelt so groß wie Deutschland und mit rund zwei Millionen Einwohnern fast menschenleer. Im Westen, entlang der Atlantikküste, erstreckt sich die Namibwüste. Im Osten, grenzübergreifend in das Nachbarland Botswana, die Kalahari.

Im Flughafengebäude werden wir von Jomo, unserem Reiseführer und Fahrer des Reisebusses, empfangen. Jomo ist ein großer, weißer Mann, ein gebürtiger Namibier mit beeindruckenden Deutschkenntnissen. Noch 17 weitere Personen gehören zu unserer Reisegruppe. Einen Moment lang sind wir skeptisch. Ist es möglich, so viele verschiedene Interessen unter einen Hut zu bringen? Wie sich herausstellt, sind diese Bedenken völlig unbegründet. Jomo ist ein erfahrener Guide und zieht seinen täglichen Termin- und Aktivitätenplan so konsequent durch, dass für individuelle Wünsche gar kein Platz bleibt.

Vom Flughafen aus geht es in das Safari Court Hotel im Zentrum Windhoeks. Nach einem Stadtrundgang und einem anstrengenden Tag freuen wir uns auf unser Bett. Am nächsten Morgen, nach dem Frühstück, steht Jomo mit unserem Reisebus schon bereit. Unser Afrikaabenteuer kann endlich beginnen.

Es geht nach Norden, in Richtung Etoscha-Nationalpark, stundenlang immer geradeaus, ohne Gegenverkehr. Aber wo sind eigentlich die wilden Tiere? Diverse Termitenhügel, riesige Nester der Webervögel, manchmal von hunderten Tieren bewohnt, und ein Warzenschwein, das unseren Weg kreuzt, sonst nichts. Gegen Mittag erreichen wir auf etwa halber Strecke die Mount-Etjo-Lodge in einem privaten Wildschutzgebiet. In Namibia gelten andere Größendimensionen als in Deutschland. Was bei uns in Quadratmetern gemessen wird, misst man in Namibia in Quadratkilometern. Es ist noch heute problemlos möglich, riesige Ländereien, einschließlich der hier lebenden Wildtiere, käuflich zu erwerben und dieses Land einzuzäunen. Auktionen in Südafrika ermöglichen die Erweiterung des Tierbestandes, selbst mit Großtieren wie den seltenen Nashörnern. Zur Mount-Edjo-Lodge gehört ein solches Wildschutzgebiet.

Nach Kaffee und Kuchen im Garten der Lodge startet unsere erste mit Spannung erwartete Safari im offenen Jeep. Ein wenig mulmig ist uns schon zumute. Was passiert, wenn wir Elefanten oder gar Raubtieren begegnen? Schon nach wenigen Fahrminuten erreichen wir ein Wasserloch, an dem sich gerade eine Gruppe Wasserböcke eingefunden hat. Dass Wasserlöcher in Afrika, besonders in der Trockenzeit, Anlaufpunkt für viele Tierarten sind, ist hier unübersehbar. Obwohl wir an diesem Nachmittag keine Elefanten treffen, haben wir großes Glück: Hinter einem der Dornenbüsche steht ein Breitmaulnashornbulle. Und nur wenige Meter entfernt entdecken wir eine Kuh mit ihrem halbwüchsigen Jungtier. Unglaublich, gleich auf unserer ersten Safari ein solches Highlight. Die Nashörner gehören noch immer zu den vom Aussterben bedrohten Tieren – und nun stehen sie direkt vor uns. Ich frage mich, wie die Tiere reagieren. Werden sie uns dulden oder attackieren? Der Fahrer nähert sich ihnen langsam immer weiter. Obwohl Nashörner schlecht sehen können, haben sie uns längst wahrgenommen, denn sie riechen und hören sehr gut. Nach anfänglicher Nervosität beruhigen sich die Tiere, als wir in etwa 20 Metern Entfernung stehen bleiben. Ehrfürchtig beobachten wir die Tiere, die schnell das Interesse an uns verlieren und friedlich weiter grasen. Es fällt uns schwer, den Ort dieses Erlebnisses verlassen zu müssen, doch in Afrika bricht die Dunkelheit sehr schnell herein und wir haben den Rückweg zur Lodge noch vor uns.

Dort angekommen empfängt uns unser erstes Abendessen im Busch. Überraschenderweise entspricht das Essen bestem deutschen Standard: frische Salate, Gemüse und drei Sorten Fleisch. Besonders lecker schmecken in Afrika alle Früchte, vor allem Ananas, Mango und Bananen, die sonnengereift und saftig sind.

Nach einem aufregenden Tag freuen wir uns nun auf unser Bett, nicht-ahnend, dass wir kein Auge zumachen werden. Vor unserem gemütlichen Häuschen ist ein Teich, der von diversen Wassertieren und einer Gruppe Flamingos bewohnt wird. Tagsüber haben wir uns durch die ständige Unterhaltung der Tiere nicht gestört gefühlt, nachts sieht das allerdings etwas anders aus. Pünktlich zum Einbruch der Dunkelheit fallen Schwärme von Nilgänsen auf dem Gelände der Lodge ein. Jede Einzelne wird schnatternd von den anwesenden Artgenossen begrüßt – unter lautstarkem Protest der Flamingos.

Kurz nachdem wir weit nach Mitternacht endlich zur Ruhe kommen, reißt uns der Signalton eines anderen Tieres aus dem ersten Schlaf. Ein Buschbaby, ein kleiner niedlicher Halbaffe, hat sich auf dem Baum vor unserem Haus niedergelassen und schreit ununterbrochen. Vielleicht fühlt es sich von den Gänsen unter dem Baum auch belästigt. Als Nachttier, das federleicht von Baum zu Baum springt und sich vorwiegend von Insekten, Käfern und Heuschrecken ernährt, besteht das Buschbaby eigentlich nur aus Augen, Schwanz und kräftigen Hinterbeinen. Seinen Namen verdankt das Tierchen seiner unglaublich lauten Stimme, ähnlich einem schreienden Baby.

Gegen 3 Uhr stehe ich auf und suche mit der Taschenlampe den Baum ab. Natürlich hört unser kleiner Störenfried sofort mit der Schreierei auf, sodass ich einige Zeit brauche, bis ich seine großen runden Augen im Lichtkegel entdecke. Inbrünstig bitte ich den nächtlichen Störenfried, nun endlich Ruhe zu geben. Doch kaum liege ich wieder im Bett, geht das Konzert weiter. Erst zum Morgengrauen, als endlich Schlafenszeit für unseren kulleräugigen Gast ist, kehrt Ruhe ein. Leider ist die Nacht für uns nun schon vorbei. Müde, doch trotzdem aufgeregt, sehen wir dem Tag entgegen, der mit einer 300 Kilometer langen Fahrt zum Etoscha-Nationalpark beginnt.

Etoscha-Nationalpark

Nach der schlaflosen Nacht und einem guten Frühstück, bei dem wir nur unser deutsches Schwarzbrot vermisst haben, treffen wir am Bus auf den schon abfahrtbereiten Jomo. Wir warten darauf, dass sich die komplette Gruppe einfindet und wir unsere lange Fahrt, immer Richtung Norden, immer geradeaus und ohne jeden Gegenverkehr, starten können. Wie an jedem Tag zu dieser Jahreszeit ist es morgens noch angenehm kühl, die Sonne lacht vom wolkenlosen Himmel und es weht ein ziemlich starker Wind, der den feinen Wüstensand vor sich hertreibt.

Mit Spannung halten wir die ganze Zeit Ausschau nach Wildtieren, nur können wir leider keine entdecken. Aber wir sind doch nach Afrika gekommen, um Löwen und Elefanten zu beobachten, denke ich enttäuscht. Wo sind denn all die Tiere? Auf Nachfrage gibt Jomo stets die gleiche Antwort: „Habe heute keine Tiere bestellt, morgen vielleicht."

Die Lebensräume des afrikanischen Großwildes in Namibia sind nur noch auf die Nationalparks und Schutzgebiete begrenzt – und diese Flächen sind vergleichsweise klein. Außerhalb dieser Schutzgebiete ist kein Großwild anzutreffen, abgesehen von vereinzelten Affen, Warzenschweinen und Antilopen. Für uns Europäer ist es aber auch schon ein Erlebnis, die unendliche, stille Weite der Landschaft zu genießen. Rötlicher Sand, ab und zu einige Dornenbüsche und Akazien, sonst nichts. Und so kämpfen wir gegen die aufkommende Schläfrigkeit, indem wir die unzähligen Vögel beobachten und die riesigen, bis zu drei Meter hohen Termitenhügel bewundern. Ein einsamer Pavianmann, der vor uns in aller Ruhe die Straße überquert, ist das einzige tierische Highlight auf unserer Fahrt zum Etoscha-Nationalpark, den wir gegen Mittag erreichen.

Nachdem Jomo am Eingangsportal den Eintritt bezahlt hat, kann unser Reisebus passieren. Sind wir jetzt endlich in der Wildnis Afrikas angekommen? Es scheint so, denn schon nach wenigen Metern treffen wir auf eine Gruppe Impalas, etwa 15 weibliche Tiere, geführt von einem mit Korkenziehergehörn ausgestatteten Bock. Was für grazile, fast zerbrechlich wirkende Tiere mit braunem, seidig glänzendem Fell und schwarzen Füßen, weshalb sie auch als Schwarzfersenantilope bekannt sind. Gemächlichen Schrittes überquert die Herde unseren Weg, um plötzlich, als ihnen unser Bus zu nahe kommt, Tempo aufzunehmen und mit federleichten, bis zu acht Meter weiten Sprüngen förmlich davonzufliegen. Ab und an kann man dieses Feuerwerk der Sprünge erleben – nicht nur auf der Flucht vor Raubtieren, sondern vielleicht auch aus reiner Lebensfreude. Ich nenne die Impalas deshalb „fliegende Antilopen".

Charakteristisch für das Landschaftsbild des etwa 22.000 Quadratkilometer großen Etoscha-Nationalparks ist der Wechsel von dichtem

Buschland und weiten wüstenartigen Flächen. Das Zentrum des Parks, die etwa 5.000 Quadratkilometer große Etoschapfanne – eine flache Senke aus feinem, weißen, sehr salzhaltigem Sand – füllt sich in der Regenzeit mit Wasser, das wegen des hohen Salzgehalts für die Tiere ungenießbar ist. In der Trockenzeit trocknet diese Wüstenlandschaft aus. Im gleißenden Sonnenlicht gaukeln Luftspiegelungen dem Touristen am Horizont einen riesigen Binnensee vor, den man aber niemals erreichen kann – eine klassische Fata Morgana.

Trotz dieser gebietsweise lebensfeindlich erscheinenden Landschaftsstrukturen ist der Etoscha-Nationalpark Lebensraum für fast alle Arten des afrikanischen Großwildes und unzählige Vogelarten. Riesige Herden von Zebras und Gnus, fast alle Gazellen- und Antilopenarten, Kudus, Elen- und Pferdeantilopen, Giraffen, Nashörner und Elefanten durchstreifen den Park, immer auf der Hut vor lauernden Raubtieren. Dennoch spiegelt der Park nicht die afrikanische Wildnis wider, die wir uns vorgestellt haben. Allein die Tatsache, dass er eingezäunt ist, sagt eigentlich alles. Die Teerstraßen dürfen nicht verlassen werden. Das Aussteigen aus den Autos ist nur auf den Rastplätzen gestattet, Nachtsafaris sind grundsätzlich verboten. Wasserlöcher am Rande der Straßen und Camps sorgen dafür, dass die Tiere angelockt und somit von den Touristen aus den Autos ganz entspannt beobachtet werden können.

Unser Weg führt zum Okaukuejo-Camp, einem exklusiven Camp mit normalen und luxuriösen Bungalows. Das besondere Highlight dieses Camps ist ein Wasserloch, das nachts mit Flutlichtstrahlern beleuchtet wird und den Touristen die Möglichkeit bietet, Tiere bei ihren nächtlichen Aktivitäten zu beobachten. Auf dem Weg dorthin steuert Jomo gezielt die Stellen an, an denen er Tiere vermutet, zum Beispiel Wasserlöcher, die durch unterirdische Quellen gespeist werden oder künstlich angelegt sind. Plötzlich stoppt er und sagt: „Löwen, 1 Uhr." Die Richtung, in die wir blicken sollen, beschreibt Jomo immer mit der Stellung der Uhrzeiger. Zuerst sehen wir eine Gruppe Oryxantilopen, die alle wie versteinert in eine Richtung starren. Genau dorthin, wo Jomo auch die Löwen entdeckt hat. Und tatsächlich: An einem Busch liegt ein erwachsener männlicher Löwe, neben ihm eine schlafende Löwin. Wenige Meter entfernt können wir noch drei Löwinnen, gut getarnt im vertrockneten Gras, liegen sehen. Was für ein Erlebnis! Genau davon habe ich immer geträumt.

Namibia

Sofort machen sich Aufregung und Hektik im Bus breit. Jeder will an das vordere rechte Fenster, um den besten Platz zum Filmen oder Fotografieren zu ergattern. Doch irgendwie sind alle froh, dass wir im geschützten Bus sitzen. Erst recht, als sich eine der Löwinnen erhebt und direkt vor unserem Auto zum künstlichen Wasserloch schreitet, um zu trinken.

Etwa 20 Minuten lang beobachten wir die Löwen bei ihrer Lieblingsbeschäftigung: relaxen. Während der ganzen Zeit stehen die Antilopen wie festgenagelt da und lassen die Löwen keine Sekunde aus den Augen. Einige Geier lassen sich auf einem der Büsche nieder und warten darauf, dass die Löwen angreifen. Denn wenn die Raubtiere Beute machen, können sie sich an den Resten bedienen. Mit diesem Erlebnis lernen wir zugleich unsere erste Afrikalektion: Signale der Natur deuten. Geier und Beutetiere verraten oftmals die Anwesenheit von Raubtieren. Antilopen sind schneller als Löwen. Diese werden ihnen nur gefährlich, wenn sie sich unbemerkt heranschleichen und überraschend zuschlagen können. Deshalb beobachten die Antilopen das Verhalten der Löwen aus nächster Nähe, ganz nach dem Motto: „Der Feind, den ich im Auge habe, kann mir nicht gefährlich werden." Ähnlich ist es mit den Geiern. In den Aufwinden, ohne Flügelschlag kreisend, halten sie Ausschau nach Beute. Mit ihren scharfen Augen können sie aus großer Höhe und Entfernung tote oder sterbende Tiere ebenso erkennen wie Raubtiere, die gerade zur Jagd aufbrechen. In Minutenschnelle fliegen sie aus allen Richtungen heran und kreisen über dem Riss, um allmählich zu landen und den noch fressenden Raubtieren hartnäckig auf den Pelz zu rücken. Wer in Afrika auf der Suche nach Raubtieren ist, sollte also unbedingt das Verhalten der Zebras und Antilopen beobachten und Ausschau nach kreisenden Geiern halten.

Auf dem weiteren Weg nach Okaukuejo, immer am Rande der Etoschapfanne entlang, macht Jomo noch einen Abstecher in die luftflimmernde Wüstenlandschaft zu einem fast ausgetrockneten Wasserloch. Hier können wir, wie auf einer Tribühne, das friedliche Miteinander der verschiedenen Tierarten beobachten, die sich zum Trinken dort einfinden. Darunter sind Gnus, Zebras, Kuhantilopen und Springböcke. Auch eine Warzenschweinfamilie mit Frischlingen, die lustig herumhopsen, nutzt das Schlammloch, um sich genüsslich darin zu suhlen.

Mit Einbruch der Dunkelheit erreichen wir Okaukuejo. Nach dem Beziehen unseres Bungalows steht das Abendessen auf dem Plan. Obwohl

19

es ausgezeichnet schmeckt, nehmen wir uns nicht allzu viel Zeit dafür. Zu sehr lockt das Wasserloch, taghell beleuchtet durch das Flutlicht. Eine etwa ein Meter hohe Mauer soll die Besucher vor den Wildtieren schützen. Allerdings hat diese Mauer eher eine Alibifunktion, denn für Raubtiere würde sie kein wirkliches Hindernis darstellen. Als echte Afrika-Anfänger, die wir in diesem Moment ja noch sind, beschleicht uns schon ein etwas mulmiges Gefühl bei dem Gedanken daran, dass uns in dieser Nacht vielleicht Löwen besuchen könnten.

Mit Herzklopfen machen wir es uns direkt hinter der Mauer, etwa zehn Meter vom Wasser entfernt, gemütlich. Hier warten wir nun in der Hoffnung, dass sich jeden Augenblick die ersten Tiere zum Trinken einfinden werden. Unsere Geduld wird auf eine harte Probe gestellt, denn über eine Stunde lang passiert gar nichts. Das ist unsere zweite Lektion: In Afrika braucht man viel Geduld. Nur wer geduldig ist, kann irgendwann belohnt werden. Manchmal hat man Glück und manchmal eben nicht. Wir sollten noch Glück haben. Nachdem ein Schakalpaar, ähnlich verschlagen wie unsere heimischen Füchse, das Wasserloch umkreist und vergeblich nach Fressbarem gesucht hat, zeigt sich hinter einer Baumgruppe am Wasser ein hundeähnlicher Schatten. Was ist das, frage ich mich mit pochendem Herzen. Wieder ein Schakal, vielleicht sogar ein Leopard? Als sich der Schatten hinter den Bäumen vorwagt, können wir eine Hyäne ausmachen. Hyänen sind extrem furchtsam, vielleicht sogar feige. Mutig sind sie nur, wenn sie im Schutz ihres Clans auftreten und sich sicher sind, dem Gegner überlegen zu sein. Diese Hyäne traut sich allein jedenfalls nicht bis zum Wasser und zieht es vor, sofort wieder im Schutz der Dunkelheit zu verschwinden.

Und dann kommt das erhoffte Leben in die Szenerie. Zwei Spitzmaulnashörner betreten die Bühne, eine Mutter mit ihrem etwa zweijährigen Jungtier. Spitzmaulnashörner sind durch Wilderei extrem bedroht, wenngleich sich die Population, nicht zuletzt durch die Schutzmaßnahmen der Zoologischen Gesellschaft Frankfurt, ein wenig zu stabilisieren scheint. Im Gegensatz zu den größeren Breitmaulnashörnern sind sie Einzelgänger, nur an Wasserstellen treten sie zuweilen in Gruppen auf. Die Bullen gesellen sich auch nur bis zum vollzogenen Deckakt zu den paarungswilligen Kühen, gleich danach werden sie vertrieben. Nach einer Tragzeit von 450 Tagen wird dann das rund 30 Kilogramm schwere Jungtier geboren, das von der Mutter etwa zwei Jahre lang gesäugt und vehement gegen jeden Feind verteidigt wird. Die Sinne der

Nashörner sind höchst unterschiedlich entwickelt. Sie hören gut und verfügen über einen sehr guten Geruchssinn. Die Augen sind dagegen von untergeordneter Bedeutung. Auf Entfernungen von mehr als 20 Metern können sie bestenfalls Umrisse erkennen, sodass man ihnen lautlos und gegen den Wind sehr nahe kommen kann.

Diese Mutter mit dem Jungtier kommt nicht allein. In ihrem Schlepptau tauchen noch mehrere weibliche Tiere aus der Dunkelheit auf, sodass sich zeitweise sechs Nashörner gleichzeitig am Wasserloch aufhalten, und immer spielt sich das gleiche Szenario ab. Jeder Neuankömmling wird, Nase an Nase, beschnüffelt. Dabei kommt es mitunter zu Rangeleien – vor allem dann, wenn dem Jungtier, das nie von Mutters Seite weicht, zu nahe gekommen wird. Nach der Begrüßung trinken die Tiere ausgiebig, um sich alsbald wieder zu verziehen.

Wenige Minuten später betritt eine Giraffe die Bühne, und dahinter, sozusagen im Gänsemarsch, kommen weitere Giraffen herbei, insgesamt zwölf. Die Tiere sind höchst aufmerksam und nervös, vor allem beim Trinken, wenn sie sich mit weit gespreizten Vorderbeinen bücken müssen und damit für Raubtiere angreifbar sind. Doch sie können schnell und ausdauernd laufen und sind sehr wehrhaft. Mit ihren gezielten Tritten sind sie, selbst für Löwen, ein schwerer, selten angegriffener Gegner. Die Giraffengruppe am Wasserloch zeigt sich ängstlich wegen der anwesenden Nashörner. Näher als zehn Meter traut sich keine von ihnen ans Wasser, und bei jeder ungehaltenen Reaktion der Nashörner weichen sie sofort zurück. Etwa eine halbe Stunde dauert das Spielchen. Wir haben schon Mitleid mit den Giraffen, deren Angst augenscheinlich größer ist als ihr Durst. Als dann noch ein weiterer ungebetener Gast am Wasserloch auftaucht, verschwinden sie in der Dunkelheit. Ein Nashornbulle nähert sich langsam dem Wasser, mit gebührendem Respekt vor den Weibchen. Auch er weiß offenbar, was sich unter Nashörnern gehört und steuert direkt Mutter und Kind an, um sie zu begrüßen. Die Nashornkuh scheint die Freundlichkeit des Bullen allerdings deutlich misszuverstehen, denn mit wütendem Schnauben startet sie sofort einen Scheinangriff. Der Bulle versteht dieses Signal, hat keine Lust, sich mit der zänkischen Dame anzulegen und sucht in sicherem Abstand ein ruhiges Plätzchen am Wasserloch. Nach etwa einer Stunde ziehen sich die Nashörner langsam in die Dunkelheit und Weite der Wildnis des Etoscha-Parks zurück, um gut versteckt in den Dornbüschen zu ruhen. Nun hat der Bulle das Wasserloch für sich allein, wenn auch nicht für lange. Kaum sind die Nashörner verschwunden, erscheinen die Giraffen wieder auf der Bildfläche. Der friedliche Bulle hat nichts gegen die majestätischen Giraffen, die jetzt, immer noch etwas nervös, endlich ihren Durst stillen können. Kurz darauf verschwinden auch sie in der afrikanischen Nacht.

Und so wird es ruhig am Wasserloch, und nicht nur dort. Hinter unserer schützenden Mauer verschwinden immer mehr Beobachter, um sich zum Schlaf in ihre Bungalows zurückzuziehen. Gegen 23 Uhr sitze ich allein in der ersten Reihe und hoffe immer noch auf Elefanten oder Raubtiere. Obwohl, ganz allein bin ich eigentlich nicht. Zumindest der Nashornbulle leistet mir noch Gesellschaft, und er hat noch eine Zugabe für mich: Langsam und höchst vorsichtig watet er ins Wasser, peinlich darauf bedacht, dass sein Penis nicht nass wird. Als er knietief im Wasser steht, erleichtert er sich – mit einem Strahl, den sicherlich jeder Feuerwehrmann bewundern würde. Bald darauf verlässt auch er als letzter Protagonist die Bühne. Diesen Moment nutze ich, um auch selbst das Bett aufzusuchen.

Am nächsten Morgen erzähle ich Jomo von den Erlebnissen der vergangenen Nacht und frage ihn etwas enttäuscht, ob Löwen und Elefanten dieses Wasserloch eigentlich meiden. Ich erhalte die erwartete Antwort: „Habe diese Nacht keine für Dich bestellt…"

Die Namib-Wüste und die Robben am Cape Cross

Unser nächstes Reiseziel führt uns in die Namib-Wüste, die sich mit einer Größe von etwa 90.000 Quadratkilometern an der gesamten Westküste am Atlantischen Ozean entlang zieht. Facettenreiche Strukturen wie Felsformationen, Geröll und die übliche Sandwüste prägen das einzigartige Landschaftsbild der Namib. Obwohl sie direkt an der Atlantikküste liegt, gehört sie zu den extremsten Trockenwüsten der Welt. Hier regnet es so gut wie nie. Während die Tagestemperaturen bis zu 50 Grad betragen können, wird es nachts sehr kalt, Frost ist nicht ausgeschlossen.

Die vom Atlantik herüber ziehenden Nebel genügen einigen anspruchslosen Wüstenpflanzen zum Überleben. Aber auch verschiedene Tierarten wie Käfer, Mäuse, Geckos und kleinere Schlangenarten haben in der Wüste ihren Lebensraum gefunden. An einem kleinen, unscheinbaren

Pflänzchen lässt uns Jomo aussteigen, um uns das Verhalten der Wüstenpflanzen vorzuführen: Er übergießt die scheinbar tote Pflanze mit einem kräftigen Schluck unseres Trinkwassers, und siehe da, schon nach wenigen Minuten erwacht Leben in ihr und ihre schlaffen Stängel kräftigen sich – ein wahres Wunder der Natur.

Auf dem stundenlangen Weg ins Zentrum der Namib durchfahren wir die unterschiedlichsten geografischen Strukturen. Zuerst passieren wir zerklüftete Landschaften, die den Eindruck vermittelten, auf einem anderen Stern zu sein. Treffend „Mondlandschaft" genannt, ist diese bizarre Gegend nur über einen schmalen Pfad passierbar. Hier gehört der Mensch nicht hin, das wird wohl jedem in unserer Reisegruppe klar.

Mit jedem gefahrenen Kilometer wird die Landschaft wüstenähnlicher, die letzten Bäume und Büsche verschwinden und in der unendlichen Weite gibt es auf einmal nur noch Sand. Ein merkwürdiges Gefühl umschleicht uns. Wie klein und wehrlos der Mensch doch ist, inmitten dieser grenzenlosen Natur, in der absolute Stille herrscht. Es ist ein bedrückendes Gefühl, außer Sand nichts zu sehen und rein gar nichts zu hören. Ein Gefühl, das es nur hier in der Wüste zu erleben gibt.

Während der Fahrt machen sich nach und nach die menschlichen Bedürfnisse bemerkbar. Aber wie soll das denn hier gehen, ganz ohne Baum und Strauch? Wie immer ist auf Jomo Verlass: „Habe eine Wüstentoilette für euch bestellt, in einer halben Stunde sind wir da", behauptet er. Stimmt das wirklich, fragen wir uns, oder nimmt er uns mal wieder auf den Arm? Nach wenigen Kilometern erreichen wir eine Stelle mit einer großen, knorrigen Pflanze – ein vertrockneter Riesenkaktus, denken wir. Diese Pflanze, eine Welwitschie, kommt nur in der Namibwüste vor und soll, wie uns Jomo erzählt, rund eintausend Jahre alt sein. Naja, wenn er meint.

Wichtiger als die Pflanze ist aber die Wüstentoilette, die es hier tatsächlich gibt: ein etwa drei Meter tiefes Bohrloch mit Sitzgelegenheit und Sichtschutz in drei Richtungen. Wunderbar. Nachdem alle die Toilette besucht haben, geht unsere Fahrt weiter in Richtung Wüstenstadt Swakopmund, direkt am Atlantischen Ozean. Auf dem Weg dorthin machen wir noch einen Abstecher zu den Wanderdünen an der Küste. Anders als in der Stille der zentralen Namib sind die Wanderdünen, bedingt durch die vom Ozean herüberwehenden Winde, ständig in Bewegung. In kleinen Wellen wandert der Sand ununterbrochen mit dem Wind. So bilden sich ständig neue bizarre Dünenformationen.

Für die Mitglieder unserer Reisegruppe stellen die bis zu einhundert Meter hohen Dünen eine echte Herausforderung dar. Niemand schafft es, den Kamm einer Düne zu erklimmen, denn bei jedem beschwerlichen Schritt aufwärts rutscht man einen halben Schritt wieder zurück. Gegen Abend erreichen wir ziemlich müde das Hansa Hotel, ein exquisites, mondänes Hotel in Swakopmund, unsere Bleibe für die nächsten zwei Nächte. Unser Tisch zum Abendessen nach deutschem Geschmack ist schon eingedeckt, sodass wir den erlebnisreichen Tag in einmaliger Natur mit einem leckeren Essen ausklingen lassen können. Wir sind froh, als wir die Tür unseres komfortablen Zimmers hinter uns schließen, unser Bett aufsuchen und beim Rauschen der Wellen einschlafen können.

Nach dem Frühstück des nächsten Tages steht ein Besuch der Robbenkolonie am Cape Cross auf dem Programm. Das Cape Cross ist eine Landzunge, die etwa einhundert Kilometer oberhalb von Swakopmund in den Atlantischen Ozean hineinragt. Dieser mit Felsgestein übersäte Küstenabschnitt ist der bevorzugte Lebensraum für unzählige Pelzrobben. Besonders in der Paarungszeit ab September zieht die Gegend Robben magisch an. Zuerst besetzen die Bullen die besten Reviere, um die sie mit brachialer Brutalität – bei gleichstarken Bullen manchmal sogar bis auf Leben und Tod – kämpfen. Dann finden sich nach und nach die paarungswilligen Weibchen ein, bis der Strand fast schwarz ist und es kaum noch eine Lücke zwischen den Tieren gibt. Mit der Geburt der Jungtiere wird es noch enger am Strand. Ohrenbetäubender Lärm bei ständigem Platzgerangel und ein bestialischer Gestank machen den Besuch der Robbenkolonie fast zu einer Tortur für Touristen.

Vor der Robbentour empfiehlt uns Jomo, bereits getragene Kleidung anzuziehen und diese nach unserer Rückkehr ins Hotel in eine dicht verschließbare Tüte zu packen, da der Gestank erst nach mehrmaligem Waschen aus der Kleidung zu bekommen wäre. Des Öfteren schon hat uns Jomo veräppelt, hier aber sollte er Recht behalten.

Wir hören die Robben schon von Weitem. Unser Bus steuert einen Parkplatz etwa einhundert Meter vom Strand entfernt an, den Rest des Weges gehen wir zu Fuß. Am Strand angekommen bietet sich für uns ein atemberaubendes Schauspiel: Die Tiere liegen so dicht nebeneinander, dass man tatsächlich kaum noch Sand sehen kann. Auch das Wasser ist schwarz von anlandenden Tieren und von denen, die zur Nahrungssuche das Wasser aufsuchen. Was für einen Stress scheinen sie zu haben, in ihrem lautstarken Kampf um ein wenig Platz. Vor allem die Jungtiere, deren Mütter gerade auf Nahrungssuche sind, schreien herzzerreißend, einige von ihnen suchen sogar Schutz bei der benachbarten Robbe. Doch jede Robbe ist sich selbst die Nächste. Keine Mutter würde dem Nachbarkind helfen oder gar Milch saugen lassen. Ganz im Gegenteil: Brutal wird das Nachbarbaby weggebissen, nicht selten werden kleine Robben auch von den rücksichtslos kämpfenden Bullen zerquetscht. Ständig patroullieren Schakale, die als Gesundheitspolizei am Cape Cross für Sauberkeit und Ordnung sorgen. Ein auf drei Beinen laufender Schakal, der anderswo längst verhungert oder von anderen Raubtieren getötet worden wäre, lebt hier wie im Schlaraffenland. Völlig unbeeindruckt von unserer Anwesenheit verzehrt er nur wenige Meter von uns entfernt genüsslich die Reste eines neugeborenen Robbenbabys. Für uns ist der Besuch der Robbenkolonie interessant und strapaziös zugleich, nicht nur wegen des Lärmes, sondern vor allem wegen des jämmerlichen Gestanks. Meine Frau Doris, die besonders geruchsempfindlich ist, sucht mit einem Schal vor der Nase schon nach wenigen Minuten das Weite. Auch alle anderen sind froh, später wieder im Bus hinter geschlossenen Türen und Fenstern zu sitzen und diesen extremen Lebensraum verlassen zu können. Noch abends im Hotel haben wir den Lärm der Robben in den Ohren und den Gestank in der Nase.

Mit dem anschließenden Besuch einer Straußen- und Krokodilfarm endet unsere Namibiareise. Wir blicken zurück auf ein grandioses, fast menschenleeres Land mit einzigartiger, facettenreicher Natur. Und wir haben die afrikanischen Wildtiere erleben können. Dennoch bleibt ein fader Beigeschmack: Auch wenn es die meisten Besucher vielleicht gar nicht gemerkt haben – die Tiere leben eingesperrt hinter Zäunen, wie in einem riesigen Serengetipark. Deshalb steht für uns fest, dass wir noch ein zweites Mal nach Afrika kommen werden. Dann aber in ein anderes Land, ein Land mit grenzenlos freier Wildbahn.

Nashornkuh und Kalb in Namibia

Doris in Düne der Namibwüste

Welwitschie in Namibwüste

Giraffen und Impalas
im Etoschapark

Pelzrobben am
Cape Cross

Botswana

Naturwunder Kalahari und Okawangodelta

Nach unserer ersten Afrikareise durch Namibia möchten wir unbedingt einmal die unberührte freie Wildnis erleben – ohne Zäune und Teerstraßen, auf denen die Touristen direkt an die bevorzugten Aufenthaltsorte der Tiere herangeführt werden. Wir möchten Orte sehen, an denen sich die Tiere frei bewegen können.

Und so entscheiden wir uns im Jahr 2001 für eine Kleingruppenreise nach Botswana, dem Nachbarland Namibias, fast doppelt so groß wie Deutschland und mit knapp zwei Millionen Einwohnern auch fast menschenleer. Botswana setzt auf sanften Tourismus, um die einzigartige, unberührte Natur und Tierwelt vor den Menschen zu schützen. Über den größten Teil des Landes erstreckt sich die Kalahari, eine Halbwüste mit einer Größe von etwa einer Million Quadratkilometern.

Die etwa 52.000 Quadratkilometer große Zentralkalahari ist seit 1961 Schutzgebiet. Das unendlich weite, flache Landschaftsbild ist geprägt durch vorwiegend rötlichen Sand, aber auch durch Grasflächen, Büsche und vereinzelte Bäume. Das Klima in der Kalahari ist extrem: Die Temperaturen sind sehr hoch, teilweise über 40 Grad, und es regnet sehr selten – wenn überhaupt, dann oft begleitet von Sandstürmen. Die seltenen Regenfälle genügen aber, um einigen Tier- und Pflanzenarten Lebensraum zu geben. Nicht nur Kleingetier wie Skorpione, Agamen und die fast nur aus Schwanz bestehenden Erdhörnchen fühlen sich wohl. Auch die mit wenig Wasser überlebensfähigen Springböcke und Oryxantilopen ziehen in größeren Herden durch die Weiten dieser für Menschen eher lebensfeindlichen Halbwüstenlandschaft.

Und wo es genügend Pflanzenfresser gibt, sind in Afrika auch die Fleischfresser nicht weit. Die nachtaktiven, unter Tage lebenden Löffelhunde, eine Fuchsart, kann man in der Kalahari ebenso beobachten, wie Erdwölfe und Schabrackenhyänen. Und auch mehrere Löwenrudel finden in den unendlichen Weiten ausreichend große Reviere.

Im Norden der Kalahari liegt ein weltweit einzigartiges Naturparadies, ein Schlaraffenland für wilde Tiere: das Okawangodelta. Der Okawango, einer der größten Flüsse Afrikas, entspringt im Hochland Angolas und fließt in südliche Richtung in die Kalahari. Hier endet der Flusslauf im größten Binnendelta der Welt, ohne einen der beiden Ozeane, die Afrika umgeben, zu erreichen. Die Wassermassen des Okawango, die nicht verdunsten oder versickern, bilden hier in der Kalahari diese weltweit einmalige, etwa 15.000 Quadratkilometer große Wasser- und Sumpflandschaft mit vielen großen und kleinen Inseln, die wiederum Heimat unzähliger Wildtierarten ist. Einige dieser Tierarten sind nur hier und sonst nirgendwo auf der Welt beheimatet. Hierzu gehören die Moorantilopen, die in riesigen Herden am und im Wasser leben und bei Gefahren, für jeden Feind unerreichbar, förmlich über das Flachwasser fliegen.

Die günstigste Reisezeit für die wenigen Touristen, die sich in die Weiten des Okawangodelta verlaufen, ist die Trockenzeit von Mai bis Oktober. Mit bis zu 30 Grad tagsüber und angenehmer Kühle in der Nacht ist das Klima für uns Europäer sehr angenehm. Die Region in der Regenzeit von Oktober bis April zu bereisen, kann für Touristen zu einem unkalkulierbaren Risiko werden, da viele Wege in kürzester Zeit überfluten, verschlammen und damit unpassierbar werden können. Wir selbst haben in Botswana einmal junge Leute aus einem Schlammloch gezogen, die ohne genügend Trinkwasser einem lebensbedrohlichen Schicksal entgegengesehen hätten.

Das Eingangstor zum Okawangodelta ist die kleine Stadt Maun und der dortige Inlandflughafen. Von hier starten fast alle Touristen und Abenteurer ihre Safaris in das nur 25 Flugminuten entfernte Delta oder in die südlich gelegene Zentralkalahari.

Am 16. September 2001 landen wir um 14 Uhr Ortszeit in Maun, wo wir von unseren beiden Führern, die uns in den nächsten zwei Wochen begleiten sollen, empfangen werden. Hier lernen wir auch unsere übrigen Mitreisenden, insgesamt elf Personen, kennen. Noch ahnen wir nicht, welcher Stress uns mit einigen dieser Herrschaften noch erwarten sollte. Mit einem Buschflugzeug, einer Cesna, geht unsere Reise weiter, direkt ins Okawangodelta. Zunächst gilt es aber, das Gepäck zu verstauen. Viel ist es ja nicht, denn bei Reisen mit Buschflugzeugen ist das Gepäck streng limitiert. Hartschalenkoffer sind nicht gestattet und mehr als zehn Kilogramm pro Person sollen es eigentlich auch nicht sein. Wir reisen in Afrika stets mit leichten Reisetaschen und nehmen nur das Nötigste mit. Leider halten sich nicht alle an diese Vorgaben. Schon am Flughafen fällt uns ein besonders „attraktives" Ehepaar auf, das uns von der ersten Minute an unsympathisch ist. Die Dame fällt durch ihren Goldschmuck und den großen Schminkkoffer, der Herr durch seinen weißen Seidenschal von Hugo Boss auf. Aber es hilft nichts, auch diese bizarren Typen müssen in den Busch mitgenommen werden. Wir haben aber Glück, dass diese Leute mit einem anderen Flugzeug fliegen. In unserem Flieger sitzen ein Vater mittleren Alters und dessen etwa zwanzigjährige Tochter. Als alles Gepäck gut verstaut ist, können wir starten. Freundlicherweise fragt uns der Buschpilot: „Are you ready for your Africa adventure?" Und wie wir bereit sind! Deswegen sind wir ja hier. Im Moment ist uns allerdings ein bisschen mulmig zumute – in Anbetracht des kleinen Fliegers sowie der riesigen Wasserflächen und wilden Tiere, die sich bald direkt unter uns befinden werden.

Mit großem Lärm, den wir von anderen Flugzeugen bisher gar nicht kannten, springt der Motor an und schüttelt den Flieger und uns erst einmal kräftig durch. Und nun Gang einlegen, Gas geben und abfahren – denken wir. Weit gefehlt. Das Flugzeug bewegt sich keinen Millimeter, auch beim nächsten Versuch nicht. Na toll, das kann ja heiter werden. Nach dem dritten vergeblichen Versuch steigt der Pilot aus. Glücklicherweise kann er das Problem mit zwei Handgriffen lösen. Er hatte vergessen, die Steine, die er sicherheitshalber vor die Räder gelegt hatte, zu entfernen. Nun können wir aber wirklich in unser Afrikaabenteuer starten. Problemlos erhebt sich unsere kleine Maschine in die Luft, bis auf eine Höhe von etwa 200 Metern. Was für eine grandiose Aussicht: ein Labyrinth aus kleinen und größeren Inseln, umgeben von Wasserflächen soweit das Auge reicht.

Anders als in Namibia können wir schon aus der Luft die ersten Wildtiere beobachten. Eine große Herde roter Moorantilopen flüchtet in hohem Tempo durch das Flachwasser und wir überfliegen auch einen Elefantenbullen, der ungehalten und laut trompetend gegen unsere Ankunft protestiert. Der Pilot setzt trotzdem zur Landung an, mitten im Busch. Natürlich nicht, ohne sich vorher per Rundumblick davon zu überzeugen, dass keine Tiere die schmale, unbefestigte Landepiste blockieren. Noch im Auslaufen überquert eine Warzenschweinfamilie wenige Meter vor uns die Bahn, voran der Keiler, dann die Bache und im Schlepptau, brav in einer Reihe, die Frischlinge. Nur gut, dass die uns nicht wenige Sekunden früher in die Quere gekommen sind.

Endlich sind wir also da, in der unberührten Wildnis Afrikas, von der ich als Kind immer geträumt hatte. Wir werden empfangen von zwei Helfern, die unser Gepäck tragen und uns bedeuten, dass wir ihnen folgen sollen. Einen kurzen Fußweg später stehen wir am Wasser, und zwar vor der Überschwemmungsfläche des Okawangos. Das flache, zumeist nur etwa einen Meter tiefe, kristallklare Wasser ist übersät von blühenden Seerosen und anderen Wasserpflanzen. Meterhohe, dichte Papyrusflächen nehmen uns jede Sicht. Nur wenige schmale Pfade, die durch die Holzboote, genannt „Mokoros", freigehalten werden, schlängeln sich durch das Pflanzenlabyrinth. Zwei einsame Mokoros warten am Ufer schon auf uns. Auf ihnen sollen wir zu unserem ersten Zeltcamp auf einer der größeren Inseln des Deltas transportiert werden. Spätestens von nun an sind wir dem Orientierungssinn und Geschick unserer Helfer voll und ganz ausgeliefert. Ruckzuck verstauen diese unser Gepäck und dann heißt es auch schon „Einsteigen". Ich vorn, Doris dahinter. Was für eine wacklige Angelegenheit für uns, die noch nie in einem solchen Boot gesessen haben. Was passiert eigentlich, wenn Flusspferde unseren Weg blockieren? Wir trauen uns nicht, danach zu fragen. Ehrlich gesagt wollen wir nicht einmal daran denken.

Unsere Helfer haben nun die Aufgabe, das kleine Boot mit einem langen Stock durch das Wasser zu staken. Nach einigen hundert Metern lichtet sich das Papyrusdickicht und gibt den Blick frei auf die grandiosen Wasserflächen des Deltas voller blühender Pflanzen. Fischschwärme tummeln sich neben unserem Boot und einige Blatthühnchen laufen mit ihren riesigen Füßen geschickt über die Blätter der Seerosen und jagen Insekten. Sogar einen blinden Passagier haben wir an Bord: Ein kleiner Frosch hat es sich neben mir bequem gemacht und lässt sich genüsslich streicheln. Faszinierend, aber irgendwie bedrückend ist für uns die Ruhe, ähnlich wie in der Namibwüste. Auch hier trauen wir uns kaum zu sprechen – aus Angst, die friedliche Natur zu stören.

Und dann, ganz plötzlich, vielleicht 50 Meter vor uns, tauchen die Köpfe dreier Flusspferde auf. Sie beäugen uns argwöhnisch. Flusspferde sind neben Büffeln die Tiere, denen man mit größter Vorsicht begegnen muss. Zumeist scheinen sie schlecht gelaunt, vor allem dann, wenn man sich ihnen in ihrem Revier nähert. Mit einem lauten Gluckern verschwindet ein Tier nach dem anderen unter Wasser, eine gewaltige Welle zurücklassend, um plötzlich an ganz anderer Stelle wieder aufzutauchen. Unsere Bootsfahrer sind darauf bedacht, genügend Abstand zu halten, um die unberechenbaren Gesellen nicht weiter zu verärgern. So erreichen wir alsdann wohlbehalten die Insel, auf der wir in einem mannshohen stationären Zelt übernachten sollen. Wir bekommen das am weitesten entfernte Zelt mit der Nummer 1 zugeteilt, was sich für die nächtlichen Tiererlebnisse als Vorteil erweisen sollte. Das Zelt ist zweckmäßig eingerichtet, mit Feldbetten, Taschenlampe, Trinkwasser, Moskitonetzen und einem Töpfchen, denn das Verlassen des Zeltes bei Nacht ist streng verboten.

Mit Einbruch der Dunkelheit machen sich die ersten Nachttiere lautstark bemerkbar. Gefühlte eintausend Glockenfrösche beginnen zeitgleich ihr unendliches Konzert, das alle anderen Geräusche der afrikanischen Nacht übertönt. Ihren Namen haben diese winzigen Frösche von ihrem eigentlich wohlklingenden „Gesang", der sich wie das Klingeln von Weihnachtsglöckchen anhört, die ich aus meiner Kindheit kenne. Stundenlang liegen wir wach. Schließlich ist es die erste Nacht, die wir – nur getrennt durch eine dünne Zeltwand – in der Wildnis Afrikas verbringen. Kurz darauf weckt mich Doris. „Ein Elefant ist am Zelt" flüstert sie. Auf mein ungläubiges Gesicht hin zeigt sie in Richtung Gazefenster in der Zeltwand über ihrem Bett, durch das man im fahlen Mondlicht einen riesigen Schatten erkennen kann. Steht da tatsächlich ein Elefant, nur eine Rüssellänge entfernt? Mit der Unerfahrenheit eines Afrika-Anfängers schlägt mein Herz bis zum Hals. Wir trauen uns kaum zu atmen. Jede Bewegung wird vermieden, um kein Geräusch zu erzeugen, dass den Elefanten erschrecken könnte. So liegen wir bewegungslos und mucksmäuschenstill in unserem Bett und lauschen darauf, was draußen geschieht. Der Elefant bedient sich an dem Baum neben unserem Zelt, reißt Zweige ab und schüttelt die Äste einige Male so stark, dass die hartschaligen, reifen Früchte herabfallen. Deutlich können wir das Zerkauen der Zweige und das Grummeln seines Magens hören. Elefanten haben viel Zeit, vor allem beim Fressen. Die Minuten werden für uns zu Stunden. Ingesamt steht der Elefantenbulle etwa drei Stunden in unserer Nähe, bis es gegen Morgen endlich ruhig wird. Was für ein schauriges Erlebnis unter Afrikas Himmel, gleich in der ersten Nacht in unserem Zelt.

Die vielen Kothaufen und die abgerupften Büsche zeugen am nächsten Morgen von unserem nächtlichen Besucher. Unser Guide zeigte sich von alldem wenig überrascht. „Euer Zelt hat bei uns den Spitznamen ‚Elefantenzelt'", verrät er uns. Aha, der Elefant kommt also öfter. Als wir am nächsten Tag das Camp verlassen, treffen wir nochmals auf den Bullen, als er in der Nähe unseres Zeltplatzes einen großen Leberwurstbaum schüttelt, sodass es „Leberwürste" regnet. Wir sind nur froh, dass unser Zelt nicht unter diesem Baum stand.

Safaritage

Den weiteren Verlauf unserer Gruppensafari bestreiten wir per All-radjeep nur noch auf dem Landweg. Unsere Ziele sind nun das Mo-remireservat, ein etwa 5.000 Quadratkilometer großes Schutzgebiet im Zentrum des Okawangodeltas, die Savutiregion und der Chobe-Natio-nalpark. Wir übernachten in mannshohen Zelten. Ein Helfertross so-wie Lebensmittel, Trinkwasser und die gesamte Ausrüstung werden im LKW transportiert.

Die elf Mitglieder unserer Reisegruppe werden auf zwei Jeeps aufgeteilt, die von unseren beiden Guides namens Tifu und Ritjal gefahren wer-den. Chef ist Tifu, ein gebürtiger Südafrikaner weißer Hautfarbe mit gu-ten Deutschkenntnissen. Ein großartiger Führer, der von Termiten bis Elefanten jedes Tier bestens kennt und in der Wildnis zu Hause ist. Der jüngere, schwarzhäutige Ritjal ist eher ein Draufgängertyp mit Adler-augen, dem in der Wildnis nichts entgeht. Mal sind wir mit dem einen, mal mit dem anderen Guide unterwegs, wobei Tifu eher der feinsinnige Führer ist, der auch ein Herz für die kleinsten Tiere hat. Von Anfang an sind wir darauf bedacht, dem schmuckdekorierten Ehepaar aus dem Weg zu gehen. So lassen wir diesen Leuten beim ersten Einstieg in die Autos den Vortritt, um dann das andere Auto zu wählen, was sich im weiteren Verlauf der Tour als kluge Idee herausstellen sollte.

Unsere fleißigen Helfer bekommen wir so gut wie nie zu Gesicht – nur, wenn wir selbst den Kontakt zu ihnen suchen, um ihnen beim Kochen über dem Holzfeuer zuzusehen oder sie einfach mal für ihre Arbeit zu loben. Wenn wir den Zeltplatz wechseln, müssen wir nur unsere Ta-schen packen, sonst nichts. Unsere Helfer bauen das Camp ab und am neuen Standort wieder auf. Wenn wir dort im Laufe des Tages ankom-men, stehen unsere Zelte und das Speisezelt schon parat. Zur Ausrüs-tung gehören auch eine Buschtoilette – ein Holzsitz über einem selbst gegrabenen Loch, das nach Verlassen des Camps zugeschüttet wird – und eine Buschdusche, ein Wassereimer mit Brause.

In Afrika ist es üblich, dass die Touristen den Tagesablauf nach ihren Wünschen mitbestimmen können. Bei einer Gruppe von elf Personen ist es allerdings schwer, jeden einzelnen Wunsch zu berücksichtigen, vor allem, wenn die Interessen so gegensätzlich sind wie in unserer Gruppe. Doris und ich sind mit unserer Zurückhaltung und Demut vor der afrikanischen Wildnis die Exoten in unserer Reisegruppe.

Leider sind die meisten Mitreisenden darauf fixiert, den All-Inclusive-Service, zu dem leider auch Alkohol gehört, voll auszukosten. Schnell haben sich die Gleichgesinnten gefunden, die unter der Wortführung des bizarren Ehepaars allabendlich bis tief in die Nacht zusammensitzen – und zwar so lange, bis die letzte Flasche leer ist. An den Tieren der Nacht haben diese „Afrikafreunde" kein Interesse. Leider kennen sie auch keine Rücksichtnahme. Sie bestimmen die Tagesabläufe, selbst die Benutzung von Toilette und Dusche, wenn wir abends verschwitzt und dreckig von der Safari zurückkehren.

In Afrika muss man früh aufstehen und schon im Morgengrauen unterwegs sein, um vielleicht noch die Raubtiere anzutreffen, die gern in der Morgen- und Abenddämmerung jagen. Mit unserer Reisegruppe gestaltet sich das schwierig, denn es kann erst gestartet werden, wenn der Letzte an Bord ist. Jeden Morgen ist es die gleiche Dame, die den Verkehr aufhält. Vor jeder Pirschfahrt sitzt sie vor dem Schminkspiegel, der extra ihretwegen an einem Baum vor ihrem Zelt angebracht werden musste. Und mit diesen Leuten sollen wir uns zwei Wochen arrangieren. Schon jetzt bin ich bedient von dieser Safari, auf die wir jahrelang gespart hatten.

In Afrika kann man nichts initiieren. Mal hat man Pech und sieht keine Tiere, dann wieder hat man Glück und sie laufen einem fast ins Auto. Einer der erlebnisreichsten Tage dieser Safari ist der, über den ich jetzt berichte.

Wieder einmal sind wir mit Tifu unterwegs. Unser Auto ist wie immer beladen mit Unmengen von Trinkwasser. In Afrika hat Trinkwasser eine andere Bedeutung als bei uns zu Hause. Gerade in der trockenen Hitze Botswanas haben wir erfahren, was Durst wirklich heißt. Bei einem Trip zu den Victoriafällen, wo der Sambesi etwa einhundert Meter in die Tiefe stürzt, haben wir unsere Trinkflaschen im Auto vergessen. In der Treibhausluft waren unsere Sachen schon nach kurzer Zeit durchgeschwitzt und wir hatten kein Trinkwasser dabei. Schon nach einer halben Stunde hatten wir keinen Blick mehr für dieses Naturwunder, so quälend wurde unser Durst. In Botswana haben wir die Trinkflasche deswegen immer in der Hand. Nicht nur, weil wir wissen, dass ohne genügend Wasserzufuhr Dehydrierung und Kreislaufzusammenbruch drohen, sondern weil wir ganz einfach ständig Durst haben. So trinken wir täglich bis zu fünf Liter Wasser, ohne die Toilette aufsuchen zu müssen. Der Körper verbraucht das Wasser für seine Funktionen. Mit der Kühlbox voller Wasser starten wir also auch an diesem Morgen zu unserer Pirschfahrt. Ich wünsche mir nichts mehr, als Elefanten oder Raubtiere zu sehen. Die Landschaft im Okawangodelta ist geprägt durch Überschwemmungsgebiete, aber auch durch tiefen, feinen Sand, der den Autofahrern alles abverlangt. Im Schritttempo, geht es durch die Wildnis. Doch an diesem Morgen kommen wir erst einmal nicht weit, denn plötzlich sackt unser Auto in einem der vielen Sandlöcher komplett ab. Die Manöver im Rückwärtsgang bringen nichts. Ganz im Gegenteil: Der Jeep gräbt sich bis auf den Unterboden fest. Und so müssen wir aussteigen und fleißig buddeln. Tifu ist darin offensichtlich bestens geübt. Wir sammeln Holz, das wir vor die Räder legen können und drücken die Daumen – und siehe da, schon beim ersten Versuch greifen die Räder. Das Auto ist frei, die Pirsch kann weitergehen.

Das erste Tier, dem wir an diesem Morgen begegnen, ist ein halber Waran. Der hintere Körperteil samt Schwanz ist bis zu den Hinterbeinen abgefressen, aber das Tier lebt und versucht verzweifelt, davonzukriechen. Vermutlich ist es einem Kampfadler zum Opfer gefallen. Adler greifen ihre Beutetiere aus der Luft an, krallen sich an deren Rücken fest und fressen an dem oft noch lebenden Tier. Tifu steigt aus und erlöst den Waran mit einem schweren Stein von seinen Qualen. Den Rest übernehmen die Aasfresser.

Nach kurzer Weiterfahrt stoppt Tifu plötzlich und zeigt auf einen etwa 30 Meter entfernten Busch. Ich kann mein Glück kaum fassen! Dort liegt ein Löwe, ein prächtiges Männchen. Langsam fährt Tifu näher und hält erst wenige Schritte vor ihm an. Der Löwe lässt sich nicht stören. Völlig entspannt, mit vollem Bauch und anscheinend satt liegt er vor uns, was unsere angespannten Nerven ein wenig beruhigt. Regungslos, ohne ein Wort zu sprechen und voller Ehrfurcht betrachten wir das majestätische Tier, das mit seiner mörderischen Kraft selbst einen Büffel reißen kann. Und jetzt liegt es hier vor uns, ohne das geringste Anzeichen von Aggression. Dieses, unser bis hierhin größtes Afrikaerlebnis werden wir nie vergessen. Dieses Männchen wird für immer unser Lieblingslöwe bleiben. Sein Bild hängt heute in Großformat in unserem Wohnzimmer. Eine Ewigkeit stehen wir dort und vergessen alles um uns herum. Doch Tifu, der seine Augen immer überall hat, hat längst weitere Löwen entdeckt, die ringsum im Schatten der Bäume ruhen – insgesamt sieben Löwinnen und ein weiteres, noch nicht geschlechtsreifes, Männchen.

Löwen sind die Meister im Entspannen. Drei Tiere liegen auf dem Rücken, die Beine in die Luft gestreckt. Als wir uns langsam nähern, werden wir zwar beäugt, aber ohne jeglichen Argwohn. Tifu nähert sich einer Löwin so weit, dass er beinahe ihren Schwanz überfährt. Bis auf ein kurzes Anheben des Kopfes zeigt aber auch sie keinerlei Reaktion. Scheinbar ist das kleine Rudel von unserer Gegenwart nur wenig beeindruckt.

Am späten Vormittag ist es Zeit, zurück zum Camp zu fahren. In der Mittagshitze ziehen sich auch die Tiere in den Schatten der Bäume zurück, um erst am späten Nachmittag wieder aktiv zu werden. Auf dem Rückweg ereignet sich noch ein unliebsamer Zwischenfall. Mit einem Knall sackt das Auto erneut ab, vom rechten Hinterrad ist der Reifen weggerissen. Aber auch das ist kein Problem: Wagen heben und Rad wechseln, eine Reparatur von zehn Minuten. Mit Reifenschäden muss man in Afrikas Wildnis jederzeit rechnen. Nach dem Mittagessen ziehen wir uns in die Zelte zurück und ruhen uns ein wenig aus. Denn auch nachts schlafen wir selten. Zu sehr sind wir fixiert auf die Stimmen der Tiere, auf das Gelächter der Hyänen und natürlich auf das Gebrüll der Löwen, das uns immer einen Schauer über den Rücken laufen lässt.

Am späten Nachmittag startet die Nachmittagspirschfahrt. So auch an diesem Tag, als wir mit Ritjal unterwegs sind. Mit uns im Auto sitzen wie immer der Vater mit seiner erwachsenen Tochter Kerstin und ein weiteres Ehepaar. Für Kerstin hat Ritjal mit Bedacht den Beifahrersitz reserviert, denn er hat offensichtlich ein Auge auf sie geworfen. Natürlich ist uns nicht entgangen, dass er sich zu den Mahlzeiten, aber auch bei jeder anderen Gelegenheit, um sie bemüht. Auch Kerstin gefällt sein Interesse. So ist es angenehm für beide, nebeneinander zu sitzen und tuscheln zu können. Ritjal ist zwar nicht der große Redner, aber ebenfalls ein toller Wildführer mit unglaublichen Adleraugen und dazu ein gutaussehender junger Mann.

In der Wildnis Botswanas vergeht selten mehr als eine halbe Stunde, ohne Tiere zu sehen. Im Okawangodelta sind fast alle Großwildtiere beheimatet, die in Afrika vorkommen. Nicht nur die großen Raubtierarten, Elefanten, Büffel, Giraffen, Zebras, Gnus, riesige Herden von Antilopen und Gazellen, unzählige Storch-und Vogelarten und Reptilien, sondern auch die vom Aussterben bedrohten Wildhunde und die nur

hier vorkommenden Moorantilopen und Sitatunga kann man hier beobachten. Trotz dieser Artenvielfalt und Populationsdichten sind wir
oftmals überrascht, wenn Ritjal mal wieder stoppt. Dann wissen wir: Er
hat ein Tier gesichtet – doch wir sehen nichts. Mal ist es ein Leopard,
der für uns unsichtbar im Geäst eines Baumes hängt, mal ein Stachel-
schwein unter einem riesigen Busch. Selbst Elefanten bewegen sich gut
getarnt auf ihren weichen Füßen geräuschlos im Busch, was ich an diesem Abend noch erleben sollte. Aber Ritjal entgeht kein Tier. Mit seiner
ebenso rustikalen wie geschickten Fahrweise nähert er sich jedem Tier
soweit es überhaupt nur geht, um uns beste Film-und Fotoperspektiven
zu bieten. Und während wir uns auf die Tiere konzentrieren, haben Ritjal und Kerstin Zeit zum Turteln.

An diesem Nachmittag sollten wir noch richtig großes Glück haben.
Ritjal entdeckt Spuren im Sand, die er konzentriert und langsam fah-
rend verfolgt, den Kopf aus dem Seitenfenster gestreckt. Dann hält er
unvermittelt an. Aber weder Bäume, auf dem ein Leopard liegen könnte, noch Büsche, die mit Vorliebe von Löwen als Ruheplatz genutzt werden, sind in Sicht. Unser Guide zeigt nur in eine Richtung und sagt leise:
„Wilddog". Er hat Wildhunde erspäht. In einer Entfernung von etwa 50
Metern ist im trockenen Gras der Kopf eines Hundes zu sehen. Als wir
noch etwas näher heran fahren, können wir noch weitere Tiere entdecken, die satt gefressen ihre Ruhestätte für die Nacht gefunden haben.
Und da, ein Tier auf nur drei Beinen erhebt sich und läuft zu einem
seiner Artgenossen, um sich mit ausgewürgter Nahrung versorgen zu
lassen. Wildhunde pflegen ein unglaublich enges Sozialverhalten, das
unter Raubtieren einzigartig ist, andererseits aber auch der Grund für
das Sterben ganzer Gruppen sein kann.

Leider können wir uns nicht länger bei den Wildhunden aufhalten, da
langsam die Dunkelheit hereinbricht. Und an diesem Nachmittag geht
es mir auch nicht so gut. Seit geraumer Zeit rumort es in meinem Bauch,
Tendenz bedrohlich zunehmend. Was sich da ankündigt, ist so etwa das
Schlimmste, was man in der Wildnis erleben kann, wenn kein Busch in
der Nähe ist und das Auto nicht verlassen werden darf.

Ich bin erleichtert, als wir das Camp erreichen. Zum Glück habe ich
es mir längst abgewöhnt, die gemeinsame Buschtoilette zu benutzen.
Ich kann es nicht ausstehen, wenn andere Leute penetrant hinter der
Toilettenplane stehen und warten. Meine eigene Toilette habe ich mir
etwa einhundert Meter entfernt vom Camp hinter einer Buschgruppe

eingerichtet – an einem Baum, der wahrscheinlich von Elefanten umgestoßen wurde, um an das kleinere Geäst zu gelangen. Der Stamm liegt gerade in Sitzhöhe über der Erde. Zwar ist es nicht besonders bequem, aber wenigstens bin ich ungestört. Bisher zumindest. Kaum habe ich mit Erleichterung meine Hose gelüftet und Platz genommen, höre ich ein lautes Knacken nur wenige Meter hinter mir. Zutiefst erschrocken drehe ich mich um. Im fahlen Mondlicht kann ich einen riesigen Schatten hinter dem nächsten Baum erkennen. Ein Elefant hat gerade einen Ast abgerissen. Und ich weiß: Abgesehen von alten Bullen kommt ein Elefant selten allein, und so ist es auch hier. Aus zwei Richtungen bewegen sich Elefanten auf mich zu. Natürlich ist mir in diesem Moment alles egal. In Windeseile reiße ich notdürftig die Hose hoch, nehme die Beine in die Hand und laufe zum Zelt.

Es dauert schon eine ganze Weile, ehe ich mich von diesem Schreck erhole und den Mut fasse, mit der Videokamera das Zelt wieder zu verlassen. Doch es ist alles ruhig, die Dickhäuter sind längst weiter gezogen. Was für ein Glück, dass sie ihre Anwesenheit mit dem Abreißen des Astes gerade noch rechtzeitig verraten haben.

Übrigens nimmt die Romanze um Kerstin und Ritjal ein jähes Ende. Schon einige Male hat sich Kerstin mit Doris, von Frau zu Frau, über das kleine Abenteuer mit Ritjal unterhalten. Ritjal hat Träume. Er will die Beziehung weiterführen, entweder in Afrika oder gern auch in Deutschland. Aber er möchte gerne noch hier in Afrika einen Schritt weiter gehen. Mal wieder ist am Vorabend der gesamte Alkoholvorrat ausgegangen. Und natürlich muss für den nächsten Abend Nachschub herangeholt werden. Ritjal erklärt sich sofort bereit, die weite Strecke zu fahren, um Wein zu beschaffen, woher auch immer. Aber er möchte nicht allein fahren, und so lädt er Kerstin zum Mitfahren ein. Sie, von der Einladung überrascht, weiß wohl nicht so recht, wie sie sich entscheiden soll. Ihre Unentschlossenheit ist für Ritjal Motivation genug, sein etwas unmoralisches Angebot zu präzisieren. Das sei doch schließlich die Gelegenheit für beide: Ungestört könnten sie unter afrikanischer Sonne miteinander schlafen. Das wirft die arme Kerstin völlig aus der Bahn. Um ihre Bedenken zu zerstreuen, setzt er noch einen drauf. Er sei gut beim Sex und vor allem ginge es bei ihm sehr schnell. Höchstens zehn Minuten würde er brauchen und die Sache sei erledigt, sodass sie pünktlich zum Abendessen zurück sein könnten und niemand Verdacht schöpfen würde. Kerstin zeigt sich von diesen Argumenten allerdings nur wenig überzeugt. Sie lehnt ab, und Ritjal versteht die Welt nicht mehr. Das ist das Ende der kleinen Liebelei. Ritjal kann seine Trauer darüber nur schwer verbergen, und auch für Kerstin werden die restlichen Safaritage ein wenig einsamer.

Hyänen am Zelt

Das letzte Camp dieser Safari schlagen wir im Norden Botswanas, im Chobe-Nationalpark an der Grenze zu Namibia, auf. Die Landschaftsstruktur des 11.000 Quadratkilometer großen Parks ist unterschiedlich. Während der Norden zum Überschwemmungsgebiet des Chobe-Rivers gehört und in der Regenzeit sumpfig und unzugänglich ist, überwiegt im restlichen Park flache und sandige Savannenlandschaft. Der Besuch des Parks ist nur in der Trockenzeit von April bis Oktober, und auch nur mit geländegängigen, allradgetriebenen Fahrzeugen möglich. Die Chobe-Region und die westlich angrenzende Savuti-Marsh gehören zu den artenreichsten Wildschutzgebieten Afrikas. Für Touristen ist Chobe bestens zur Tierbeobachtung geeignet, da hier fast alle afrikanischen Säugetierarten wie Giraffen, Zebras, Gnus und Warzenschweine vorkommen. Auch zahlreiche Antilopenarten wie Impala, Elen, Kudu, aber auch die eher seltenen Pferde- und Rappenantilopen, bis hin zu den kleineren Busch-, Ried- und Steinböcken, gehören zur Fauna der Chobe-Region. In der Nähe des Chobe-River und in den Sumpfgebieten finden Wasserböcke und Lechwe geeigneten Lebensraum. Riesige Herden von Kaffernbüffeln durchstreifen die weiten Savannenlandschaften und suchen täglich die Wasserstellen auf. Und wo viele Pflanzenfresser vorkommen, sind auch die Fleischfresser nicht weit. Neben den Kleinraubtieren wie Schakalen oder Servalen sind auch Geparden, Leoparden, Tüpfelhyänen und große Löwenrudel im Chobe beheimatet. Selbst die Wildhunde sind in überlebensfähigen Rudeln vertreten.

Zu einem ernsthaften Problem in Botswana, besonders in den nördlichen Regionen, haben sich die riesigen Elefantenherden entwickelt. Hunderte zu einer Herde gehörende Tiere, die täglich rund 20 Stunden mit Fressen verbringen, stellen eine ernsthafte Gefahr für die Landschaften in der Chobe-Region dar. Es ist für uns schon erschreckend, durch Landstriche zu fahren, die gerade von Elefantenherden platt gemacht wurden. Um ihren Hunger zu stillen, reißen sie Büsche und kleinere Bäume heraus, stoßen große Bäume sogar um. Zurück bleiben tote Landschaften, die sich nur schwer erholen können. Die Zerstörung ihrer eigenen Lebensräume stellt auch für die Zukunft der Elefanten eine große Gefahr dar. Die Löwenrudel im Chobe, von denen einige auch auf die Jagd von Elefanten spezialisiert sind, können nur einen kleinen Beitrag zum Erhalt des biologischen Gleichgewichts leisten.

Mal wieder sind wir vormittags mit Tifu unterwegs und treffen auf eine der Elefantenherden. Wildtiere, auch Elefanten, sind friedlich, wenn sie sich nicht durch uns Menschen bedroht fühlen. Umso wichtiger ist es für uns, die in der Wildnis geltenden Regeln zu beachten, die von den Tieren bestimmt werden. Dazu gehören die Einhaltung der Fluchtdistanzen, genügend Abstand zu Jungtieren und selbst den Rücken frei zu haben, um nicht von Elefanten eingekreist zu werden. Manchmal, besonders in unübersichtlichem Gelände, passiert es trotzdem. Im weichen Sand kann sich eine Herde Elefanten völlig lautlos nähern. Plötzlich sind sie überall, so wie an diesem Morgen. Im buschigen Gelände bemerken wir die Tiere nicht, bis auf einmal eine Kuh, gefolgt von ihrem Jungtier, hinter einem Busch hervortritt und uns wütend den Marsch bläst. Natürlich ist sie nicht allein. Elefanten leben lebenslang in Familiengruppen, gemeinsam mit all ihren weiblichen Verwandten und den Jungtieren. Nur die halbstarken Jungbullen werden mit etwa zehn Jahren aus der Gruppe ausgeschlossen, um sich dann meist in Junggesellengruppen und im höheren Alter oftmals auch allein durch die Wildnis zu schlagen. Geführt wird die Gruppe allgemein von der ältesten Kuh, deren erste Tochter nach ihrem Tode die Rolle der Leitkuh übernimmt. Da Tifu sogleich reagiert und den Rückwärtsgang einlegt, belässt es die nervöse Mutter bei Warnstufe 1, einem heftigen Kopf- und Ohrenschütteln, einem kurzen Trompetenstoß und einen Scheinangriff von wenigen Metern. Dennoch reicht es, um uns einen mächtigen Schrecken einzujagen.

Auf dem Rückweg zum Camp machen wir dann noch einen seltenen Fund: einen sterbenden Impalabock. An seiner linken Körperseite dringt noch Blut aus einem Loch, das er sich wahrscheinlich in einem Revierkampf mit Artgenossen eingefangen hat. Da die Fleischfresser in der Mittagshitze zumeist im Schatten ruhen, dauert es sicher nicht lange, bis die Geier den Kadaver entdecken und auffressen.

Tifu indes hat etwas anderes vor. Gemeinsam wollen wir den Fleischfressern bei ihrem Mahl zuschauen. Deshalb lädt er den toten Bock
auf und nimmt ihn mit ins Camp. In angemessener Entfernung zu den
Zelten und dennoch gut einsehbar, bindet Tifu den Kadaver an einem
Baum fest, sodass er von den Raubtieren nicht weggeschleppt werden
kann. Weil wir so gespannt darauf sind, was nun passieren wird, fällt die
Nachmittagssafari aus. Wir wollen schließlich nichts verpassen.

Stundenlang geschieht nichts. Am späten Nachmittag sehen Tifu und
ich uns den Kadaver noch einmal aus der Nähe an. Durch die Mittagshitze ist die Verwesung in kurzer Zeit schon so weit fortgeschritten, dass
der ganze Körper aufgebläht ist. Mit einem Messer sticht Tifu in den
Bauch wie in einen Luftballon, sodass die Verwesungsgase entweichen
können. Nur mit einem Taschentuch vor dem Mund kann ich den Gestank ertragen, der sofort Schwärme von Fliegen anlockt und hoffentlich auch bald den Fleischfressern in die Nase zieht.

Bis zum Einbruch der Dunkelheit passiert weiterhin nichts. Für das
Abendessen nehmen wir uns kaum Zeit. Mit „wir" meine ich Doris und
mich. Für alle anderen Herrschaften ist der reichlich mit Wein gedeckte Tisch wichtiger als das Geschehen am Kadaver. Tifu hat unser Auto
inzwischen in einer Entfernung von 30 Metern mit Blickrichtung auf
den Kadaver abgestellt und das Standlicht eingeschaltet. So können wir,
hinter dem Auto stehend, unserem bisher spannendsten Erlebnis entge-
gensehen. Wir lauschen in die Dunkelheit und halten nach funkelnden
Augenpaaren Ausschau, trauen uns nicht, uns zu bewegen oder gar zu
sprechen. Plötzlich ein Brüllen. Mein Herz schlägt schneller. Löwen?
Und nochmals dieses komische Gebrüll. Doch der vermeintliche Löwe
ist Tifu, der uns ein wenig Angst einjagen will.

Dann endlich, spät am Abend, als wir die Hoffnung schon fast aufgeben,
erscheinen zwei leuchtende Augen, direkt hinter dem Kadaver. Zweifellos ein Raubtier, das sich da geschickt anpirscht. Ein Löwe kann es nicht
sein, dafür ist das Tier zu klein, und Löwenaugen leuchten auch anders.
Vielleicht ist es nur eine der nachtaktiven Kleinkatzen, eine Zivet- oder
Ginsterkatze. Um das Tier zu erkennen, schaltet Tifu kurz das Fernlicht
unseres Autos ein. Nun besteht kein Zweifel mehr: Hinter dem Kadaver
liegt ein Leopard, ein kleineres Exemplar, vermutlich ein noch junges
Weibchen. Nur kurz hält das Raubtier inne, dann frisst es genüsslich
weiter, vor allem um die Bauchhöhle herum, die Tifu schon geöffnet
hatte. Kleinraubtiere fressen immer zuerst die weichen Eingeweide.

Was für ein einmaliges Festmahl, das wir dem Leoparden in dieser Nacht auf dem Silbertablett serviert haben. Innerhalb von 20 Minuten hat er die Eingeweide aufgefressen. Dann schreckt er plötzlich auf und verschwindet in der Dunkelheit. Mit Sicherheit nähert sich nun ein größeres Raubtier. Wieder klopft mein Herz bis zum Hals, doch minutenlang kann ich weder etwas hören noch sehen. Dann erscheint wieder ein Augenpaar, und dann noch eins. Diesmal handelt es sich um größere Tiere, die sich nicht aus der Dunkelheit trauen. Offensichtlich sind sie äußerst ängstlich. Dann endlich wagt sich eines der Tiere an den Kadaver. Es ist eine riesige Hyäne, sofort gefolgt von einer zweiten und einer dritten. Ängstlich, immer wieder in die Dunkelheit spähend, springen sie wieder und wieder davon, ehe ihre Gier nach Fleisch stärker wird als ihre Angst. Dann beginnen sie, den Kadaver zu zerreißen. Zwischenzeitlich sind es bis zu sechs Hyänen, die sich laut kreischend um das Fleisch streiten. Es dauert nicht lange, bis sie den Kadaver vom Strick abreißen und mit ihm in der Dunkelheit verschwinden wollen. Zu unserem Entsetzen – wir können ja nicht ahnen, wie sehr Hyänen Menschen fürchten – läuft Tifu den Tieren laut schreiend hinterher. Wir glauben, er ist lebensmüde. Doch mit dem Kadaver in den Händen kommt er zurück und bindet ihn noch fester wieder an.

Hyänen pflegen ein unter Raubtieren einzigartiges Sozialverhalten. Sie leben in Familienclans unterschiedlicher Größe, wobei die weiblichen Tiere miteinander verwandt sind. Die Männchen verlassen ihre Familie mit Eintritt in die Geschlechtsreife, um sich einem neuen Clan anzuschließen. Da die Weibchen größer und kräftiger als die Männchen sind, stehen sie in der Rangfolge über ihnen. Das zeigt sich auch am Riss, bei dem zuerst die weiblichen Tiere fressen. Die Männchen müssen sich mit den Resten begnügen. Dominiert wird der Clan bis zu deren Tod vom Alphaweibchen, deren älteste Tochter in der Regel die Führungsposition erbt. Rangkämpfe innerhalb der Gruppe, selbst schon unter Jungtieren, werden mit äußerster Aggressivität solange ausgetragen, bis das unterlegene Tier beschwichtigend seine Geschlechtsorgane zum Beschnüffeln anbietet.

Hyänen sind Allesfresser. Sie fressen Aas und jagen schwächeren Raubtieren wie Geparden oftmals die Beute ab, aber sie sind auch selbst erfolgreiche Jäger. Durch ihre enorme Ausdauer können sie Antilopen, Zebras oder Gnus solange verfolgen, bis das Opfer erschöpft zusammenbricht und ohne vorherigen Todesbiss auf der Stelle zerrissen wird. Hyänen haben von allen Raubtieren das kräftigste Gebiss und können selbst Hufe und Knochen verschlingen. Da sie zumeist im Rudel auftreten, sind sie selbst für Löwen ernstzunehmende Gegner. Bei zahlenmäßiger Überlegenheit nutzen sie jede Möglichkeit, die Löwen von ihrem Riss zu verdrängen oder sie sogar zu töten und zu fressen. Kurz vor Mitternacht, als vom Kadaver nur noch einige Knochen übrig sind, bittet uns Tifu, unser Zelt aufzusuchen. Mittlerweile hat auch die Trinkergruppe alle Flaschen geleert und sich zum Schlafen zurückgezogen, ohne einen Blick auf die fressenden Raubtiere zu werfen. Von unserem Zelt können wir durch das Gazefenster das Geschehen am Riss weiter verfolgen. Doch nicht nur dort gibt es etwas zu sehen. Die Hyänen warten nur darauf, dass im Camp Ruhe einkehrt, um auch hier nach Fressbarem zu suchen. Nur wenige Minuten vergehen, bis wir hören, wie sich die Tiere vor unserem Zelt zu schaffen machen, unseren Waschhocker untersuchen und umkippen. Eines der Tiere ist besonders neugierig und schnüffelt plötzlich an meinem Fenster. Und so beschnüffeln wir uns gegenseitig, nur eine Nasenlänge voneinander entfernt, lediglich getrennt durch die dünne Gaze. Ein einmaliges Erlebnis. Am nächsten Morgen erinnert nur noch der am Baum festgebundene Strick daran, was sich hier in der letzten Nacht abgespielt hat. Nicht einmal ein paar Knochen oder die Hörner des Impalabocks, der keine 24 Stunden zuvor einen Kampf verloren hatte, sind übrig geblieben. So ist das in der Wildnis Afrikas. Die Aasfresser beseitigen alles, restlos.

Virus Afrika

Der „Virus Afrika", von dem wir befallen sind, ist natürlich kein echter Virus, sondern eine Leidenschaft. Wie schon erwähnt bin ich seit meiner Kindheit fasziniert von diesem Kontinent. Und nach diesen beiden Reisen hat es auch meine Frau erwischt. Nicht die Metropolen der Welt, nicht New York, London, Rom oder Paris sind das, was uns anzieht – sondern die Wildnis. Von nun werden wir Afrika immer im Herzen tragen und solange bereisen, wie wir geistig und körperlich dazu in der Lage sind.

Aber eins wissen wir ganz sicher: Nie wieder werden wir uns mit einer Reisegruppe in die Wildnis wagen, denn zu unterschiedlich sind die Interessen. Wir reisen nach Afrika, um die Natur, die Menschen und

Tiere zu genießen und die Grenzen zwischen Wildtier und uns auszuloten. Das ist in einer Gruppe nicht möglich. Von nun an werden wir
unsere Reisen selbst organisieren. Jetzt beginnen unsere echten Afrikaabenteuer, die uns in die von Menschen noch unberührte Wildnis
Ost- und Südafrikas führen werden. Und jedes Mal, schon sobald der
Flieger Richtung Heimat abhebt, erfasst uns eine neue Sehnsucht. So
beginnen wir meist schon auf dem Heimflug mit unseren Planungen für
das nächste Abenteuer.

Nach den ersten zwei Reisen nach Namibia und Botswana besuchen
wir die Wildnis Afrikas weitere sieben Mal, zumeist im Zelt und in
Begleitung eines einheimischen Führers und eines Kochs: 2002, 2004
und 2006 in Tansania, 2008 in Sambia, 2009 in Botswana, 2011 in Kenia
und 2013 noch einmal in Botswana. Auch das jüngste Abenteuer, das
uns zum dritten Mal nach Botswana führte, beweist uns eindrucksvoll,
dass dies genau die richtige Art des Reisens für uns ist. Zwei der impo-
santesten Erlebnisse folgen auf den nächsten Seiten.

Afrikanische Wildhunde

Wildhunde, wegen ihres Aussehens und ihrer Lebensweise auch Hyä-
nenhunde genannt, sind die effektivsten Jäger der afrikanischen Wildnis und dennoch vom Aussterben bedroht. Sie leben, ähnlich wie Hyänen, sehr sozial in größeren Familienclans. Geführt wird das Rudel vom
Alphapaar, das sich allein fortpflanzt. Alle rangniederen Tiere werden
an der Fortpflanzung gehindert. Der Alpharüde und seine Partnerin
bestimmen das tägliche Leben im Rudel und sind auch die Anführer
bei der Jagd.
Wildhunde sind Hetzjäger und benötigen riesige Reviere von mehreren hundert Quadratkilometern. Als reine Fleischfresser jagen sie vor
allem Antilopen, aber auch größeres Wild, das sie überwältigen können. Ein Beutetier, das Wildhunde ins Visier genommen haben, hat so
gut wie keine Chance. Ihre unglaubliche Ausdauer erlaubt es ihnen, die
Beute kilometerweit und mit gleichmäßig hohem Tempo von bis zu
50 Stundenkilometern so lange zu verfolgen, bis sie erschöpft zusammenbricht. Dann wird das Beutetier, ohne vorherigen Todesbiss, vom
ganzen Rudel bei lebendigem Leib zerrissen und in kürzester Zeit

verschlungen. Dabei werden große Fleischstücke herausgerissen und verschluckt. Zurück am Bau werden auch die alten, schwachen und jungen Tiere mit hoch gewürgtem Fleisch gefüttert.

Gerade das ausgeprägte Sozialverhalten und die uneingeschränkte Dominanz des Alphapaares sind Gründe für die Bestandsgefährdung der Wildhunde. Nicht nur die fehlende Fortpflanzung aller anderen Rudelmitglieder, sondern vor allem der Tod des Leitrüden kann die Existenz des gesamten Clans gefährden. Die Tiere sind es nicht gewöhnt, für sich selbst Verantwortung zu tragen. Nicht selten fällt mit dem Tod der Leittiere das gesamte Rudel auseinander. Es ist für uns stets ein Höhepunkt unserer Safaris, Wildhunde zu sehen. Sie bewusst zu suchen, ist so gut wie aussichtslos. Man muss einfach nur Glück haben und ihnen zufällig begegnen.

Wir sind in der Kwai-Region, am Rande des Okawangodeltas, auf Vormittagspirschfahrt. Der Kwai ist ein ganzjährig wasserführender Fluss mit vielen Lagunen, der auf einer Höhe mit der umliegenden Gras-und Buschlandschaft fließt. Unmengen von Wasserpflanzen und Seerosen, auf deren Blättern Blatthühnchen mit ihren riesigen Füßen nach Insekten jagen, säumen die Uferregion. Die Fließgeschwindigkeit des Wassers ist so gering, dass der Kwai eher einem See gleicht. Er ist Lebensraum für Flusspferde, Krokodile und viele Storch-, Reiher- und Wasservogelarten. Aber auch ein Rudel Wildhunde hat hier sein Revier.

Bisher ist auf dieser Pirschfahrt – abgesehen von den allgegenwärtigen Impalas, einer Horde Paviane, Zebras und Elefanten – nichts Aufregendes passiert. Raubtiere sind uns noch nicht begegnet. Als wir um eine Buschgruppe biegen, steht plötzlich ein Wildhund vor uns. Es ist der Leitrüde des Kwairudels. Nur wenige Meter hinter ihm liegt der Rest des Rudels: fünf erwachsene Tiere und fünf Junge, etwa drei Monate alt. Wir freuen uns, diese so seltenen Raubtiere mit ihrem Nachwuchs entdeckt zu haben. Anhand ihrer schlanken Bäuche können wir erkennen, dass das Rudel an diesem Tag noch nicht gejagt hat. Wildhunde fressen niemals Aas, sondern nur Beutetiere, die sie täglich selbst jagen. Die Tiere sind unruhig, stehen auf und legen sich wieder hin, wobei sie stets ihre Umgebung im Auge behalten. Die Kleinen dagegen tollen sorglos umher, beschnüffeln neugierig jeden Baum und jeden Busch. Sehr weit dürfen sie sich aber nicht entfernen, sofort ist eines der Alttiere zur Stelle und beordert das Junge zurück.

Plötzlich gibt der Leitrüde das Signal zum Aufbruch. Im langsamen Tempo, sodass die Kleinen gut folgen können, laufen die Tiere davon. Immer schön hintereinander, so wie es sich für Wildhunde gehört. Nach einigen hundert Metern bleiben sie an einer Buschgruppe stehen, mit freier Sicht in alle Richtungen. Hier legen sich die Tiere zur Ruhe. Alle liegen auf der Seite, nur der Leitrüde nicht. Er weiß um seine Verantwortung für die Sicherheit seines Rudels. Er legt sich auf den Bauch und seinen Kopf zwischen die Vorderbeine, damit er alles im Auge behalten kann. Aber auch die anderen erwachsenen Tiere schlafen nicht wirklich. Ihre sich ständig bewegenden Ohren verraten, dass sie stets alle Sinne auf Empfang haben. Die Kleinen haben es sich gemütlich gemacht: Alle fünf liegen zusammengekuschelt ein paar Schritte weiter. In den nächsten Stunden wird sich im Wildhundrudel wohl nichts mehr tun. Aber am späten Nachmittag werden sie jagen, da bin ich mir sicher. Und dann werden wir wiederkommen. Mit einem letzten Blick auf das schwarzbunte Knäuel kleiner, friedlich schlafender Wildhunde verlassen wir die Tiere.

Gegen 16 Uhr brechen wir im Camp wieder auf, um die Wildhunde erneut zu suchen. Dort, wo wir sie verlassen haben, sind sie nicht mehr. Ihre Spuren verraten uns, in welche Richtung sie gelaufen sind, doch nach kurzer Strecke verliert sich ihre Fährte im trockenen Buschland. Zum Glück weiß unser Fahrer aus Erfahrung um die bevorzugten Jagdgebiete der Wildhunde. Als Hetzjäger brauchen sie weithin gut überschaubare Flächen, auf denen sie das ins Auge gefasste Beutetier solange hetzen können, bis es erschöpft zusammenbricht. Genau diese Jagdbedingungen bietet die Uferregion des Kwairivers, zumal hier nachmittags viele Tiere zur Tränke kommen, darunter auch die von Wildhunden bevorzugten Impalas. Und so entschließen wir uns, am Kwai nach den Hunden zu suchen, wohl wissend, dass man riesiges Glück haben muss, sie in der unendlichen Weite zu finden. Im Schritttempo geht es die holprigen Sandpisten entlang, die oftmals nur mit Allradantrieb befahrbar sind und uns immer mächtig durchschütteln. Und dann haben wir wirklich das Glück, im richtigen Moment am richtigen Ort zu sein. Die Uhr auf meiner Videokamera zeigt 17.15 Uhr, als wenige Meter vor uns ein Impala aus dem Busch bricht und Richtung Wasser läuft. Drei Wildhunde sind der Antilope direkt auf den Fersen. Impalas gehen nie ins Wasser. Auch Wildhunde sind, aus Angst vor Krokodilen, äußerst wasserscheu. Manchmal springen Antilopen in der Hoffnung, sich vor ihren Todfeinden retten zu können, doch ins Wasser. Auch dieses Impala springt hinein. Es ist sein Todesurteil. Mit zwei, drei Sätzen haben es die Hunde an den Hinterbeinen gepackt und zerren es zurück ans Ufer. Augenblicklich zerreißen sie das verzweifelte Beutetier. In Sekundenschnelle ist die Bauchdecke aufgebrochen, die Eingeweide werden herausgerissen und gierig verschlungen. Nur der bei Pflanzenfressern übergroße, prall gefüllte Magen wird achtlos zur Seite geworfen. Er schmeckt den Hunden nicht.

Das Fressverhalten bei Wildhunden ist immer gleich. Anders als bei Löwen gibt es keinen Futterneid, ganz im Gegenteil: Sie helfen einander, indem sie gemeinsam an der Beute zerren, um sie zu zerreißen. Das stärkste Tier, der Leitrüde, zieht freundlicherweise genau in unsere Richtung und schleift so das tote Impala bis vor unser Auto. Aus zwei Metern Entfernung können wir auf die fressenden Hunde herabsehen, von denen jeder so schnell wie möglich große Fleischbrocken aus der Beute herausreißt und verschlingt. Ihre Todfeinde, die Löwen oder Hyänen, könnten die Jagd ja beobachtet haben und ihnen die Beute streitig machen.

Längst haben Geier den Riss bemerkt und sich auf den umliegenden Bäumen niedergelassen. Die Ersten kommen angeflogen und lassen sich in etwa 20 Metern Entfernung vom Riss nieder. Sie haben den Magen im Auge, der von den Hunden nicht beachtet wird. Schritt für Schritt pirschen sie sich auf breiter Front heran. Bei Geiern gilt das Gesetz des Stärkeren: Die Stärksten bekämpfen sich gegenseitig mit ausgebreiteten Flügeln und ihren scharfen Krallen, bis buchstäblich die Federn fliegen. Die Schwächeren nutzen die Gunst des Augenblicks und hacken den Magen auf. Sofort fallen auch alle anderen Geier über den Mageninhalt her. Das wiederum passt den Wildhunden überhaupt nicht. Es ist der Leitrüde, der mit angelegten Ohren und aggressiver Pose auf die Geier zurennt. Die haben Mühe, sich rechtzeitig in die Luft zu erheben. Der Hund springt ihnen nach, erwischt noch einen am Schwanz und reißt ihm einige Federn aus. Dieser Denkzettel hält die Geier allerdings nicht davon ab, in wenigen Metern Entfernung wieder zu landen und erneut penetrant anzurücken. Abermals müssen sie vom Rudelchef in die Schranken gewiesen werden.

Nach nicht einmal einer halben Stunde haben die Hunde auch das komplette Hinterteil des Impalas aufgefressen. Dann springen sie, wie auf Kommando, davon. Sie wissen um die Fürsorgepflicht für die zurückgebliebenen Rudelmitglieder und für die Jungen, denn auch die haben Hunger und müssen mit hochgewürztem Fleisch gefüttert werden. Nun ist die Tafel frei für die Geier, doch die lassen sich Zeit. Keiner traut sich als Erster an den Riss, die Hunde könnten ja noch in der Nähe sein. Schließlich gewinnt der Hunger die Oberhand und die Geier fallen über den Kadaver her. Die Schlacht am lauwarmen Buffet beginnt. Doch plötzlich tauchen die Hunde wieder auf, alle sechs. Ich bin überrascht, denn offenbar haben sie ihre Jungen allein gelassen. Hoffentlich geschieht denen nichts. Viele junge Wildhunde fallen Löwen und Hyänen zum Opfer, die ihre Nahrungskonkurrenten töten, wann und wo sie ihnen begegnen. Natürlich ist es gut, wenn sich alle Rudelmitglieder den Bauch vollschlagen können. Das kommt dem ganzen Rudel zugute. Aber was machen die Jungen jetzt, allein und schutzlos?

Erst einmal verjagt der Leitrüde die verhassten Geier. Dann fallen alle Hunde gemeinsam über die Reste der Beute her. Das meiste Fleisch ist schon aufgefressen, jetzt geht es an die Knochen und das Fell. Nun zeigt sich, welch kräftiges Gebiss die eher schlank gebauten Wildhunde haben. Das Gerippe und die Knochen der Beine werden zermalmt und verschlungen, nur der Kopf ist noch unversehrt. Die Augen des Impalas sind weit aufgerissen. Es scheint fast so, als würde es uns hilfesuchend anschauen. Ein doch etwas trauriger Anblick, aber so ist die Natur eben. Nach einer dreiviertel Stunde sind nur noch Rückgrat und Fell übrig. Jeder der sechs Hunde hat mehrere Kilogramm Fleisch verschlungen, ihre Bäuche sind prall gefüllt. Plötzlich springt der Leitrüde davon, die Anderen folgen ihm. Der Rest des Kadavers gehört jetzt endgültig den Geiern, die die Knochen abnagen und das Fell auffressen werden.

Wir folgen den Hunden. Vielleicht können wir noch beobachten, wie die Jungen mit hochgewürztem Fleisch gefüttert werden. Nach einigen hundert Metern bleiben die Hunde stehen, lauschen und schauen etwas ratlos in alle Richtungen. Haben sie etwa vergessen, wo sie die Kleinen zurückgelassen haben? Oder haben die Kleinen sich selbstständig gemacht und sich vielleicht verlaufen? An die dritte Variante, dass sie vielleicht von Löwen oder Hyänen gefunden wurden, möchte ich lieber gar nicht denken. Vier Hunde springen nach links in die Büsche und verschwinden aus unserem Blickfeld. Zwei suchen, rechts von uns, die Uferregion des Kwai ab. Aufgeregt schauen sie hinter jedem Busch nach, leider ohne Erfolg. Nach ein paar Minuten geben sie die Suche auf, laufen an unserem Auto vorbei und folgen ihren Artgenossen.

In Kürze bricht die Dunkelheit herein, also müssen wir zum Camp zurück. Am Lagerfeuer erzählen wir unserem Koch und Helfer von diesem spannenden Erlebnis und zeigen ihnen voller Begeisterung unsere Fotos und Filmszenen.

Als wir uns in dieser Nacht in unser Zelt zurückziehen, kann ich lange nicht einschlafen, denn ich muss an die kleinen Wildhunde denken. Hoffentlich geht es ihnen gut. Hoffentlich liegen sie irgendwo zusammengekuschelt mit dicken Bäuchen und können besser schlafen als ich. Ich hoffe und wünsche, dass die Kleinen unter den wachsamen Augen der erwachsenen Tiere auch die nächsten Monate überleben und sich zu perfekten Jägern entwickeln werden. Damit würden sich auch die Überlebenschancen des gesamten Kwai-Rudels wesentlich erhöhen.

Nacht der Elefanten

Diesmal haben wir unsere Zelte im Moremi-Reservat, im Herzen des Okawangodeltas, aufgeschlagen. Wir sind auf Nachmittagspirschfahrt, als wir einer Elefantenkuh mit ihrem etwa zweijährigen Kalb, einem kleinen Bullen, begegnen. Beide fressen am Geäst eines Baumes, dessen Stamm in ungefähr drei Metern Höhe abgebrochen ist – eindeutig das Werk von Elefanten. Die große Krone liegt am Boden, ein Teil des Stammes hängt noch an der Bruchstelle fest. Während das Junge an den herabhängenden Ästen frisst, schält seine Mutter mit ihren Stoßzähnen geschickt die Borke in langen Streifen ab. Dann möchte sie den ganzen Stamm herunterreißen, doch das Junge steht genau darunter. Während wir uns noch Sorgen um den kleinen Kerl machen, hat die Mutter die Gefahr für ihr Kind schon selbst erkannt. Mit dem Rüssel wedelt sie ihm entgegen und gibt ihm zu verstehen: Verschwinde da, du stehst im Weg. Der Kleine hat offenbar verstanden und geht tatsächlich ein paar Meter zur Seite. Jetzt hat seine Mama Arbeitsfreiheit. Leider müssen wir zurück zum Camp, da die Dunkelheit hereinbricht. Wir ahnen noch nicht, welch aufregende Nacht uns bevorsteht.

Wie immer sitzen wir nach dem Abendessen noch am Lagerfeuer unter dem sternenreichen Himmel Afrikas und lauschen den Stimmen der nachtaktiven Tiere. Über uns im Baum ruft eine Eule, in der Nähe heult eine Hyäne und in weiter Entfernung brüllen Löwen. Nebenbei erzählt uns unser Safariführer von einem Elefantenbullen, der sich in letzter Zeit auf diesem Zeltplatz unbeliebt gemacht hat. Dieser versteht sich angeblich darauf, Autos zu knacken, um nach Nahrungsmitteln zu suchen. Außerdem sei er handwerklich sehr geschickt. Um an frisches Wasser zu gelangen, habe er schon mehrfach Buschduschen abgebaut oder umgesetzt. Naja, denke ich, nur ein wenig Lagerfeuerlatein. Und selbst wenn es diesen Elefanten wirklich gibt, muss das ja nicht heißen, dass er uns ausgerechnet in dieser Nacht besuchen kommt. Gegen 22 Uhr kriechen wir in unser Zelt. Noch ein paar Mal höre ich die Löwen brüllen, dann schlafe ich ein.

Irgendwann in der Nacht schrecke ich durch einen Höllenlärm auf. „Der Elefant ist da", flüstert Doris. Sofort ist alle Müdigkeit verflogen, ich bin hellwach. Mein Herzschlag schnellt gewaltig in die Höhe – und das, obwohl ich mir mittlerweile eine gewisse Gelassenheit im afrikanischen Busch angeeignet habe. Ich weiß nicht, was geschehen ist und was noch passieren wird. Hat der Elefant vielleicht unser Auto attackiert? Vor unserem Zelt hören wir sanfte Schritte. Wir leuchten mit Taschenlampen durch die Fenster über unseren Liegen die Umgebung ab, doch sehen können wir nichts.

Es ist 1:30 Uhr und meine Blase drückt. Vielleicht sollte ich mal vor dem Zelt nachschauen. „Du bleibst drin", legt Doris fest. Und ich gehorche, was ich nicht immer tue. So liegen wir einige Zeit angespannt und regungslos da, mehr können wir ohnehin nicht tun. Um meine innere Unruhe zu überspielen, versuche ich wieder einzuschlafen. Ich drehe mich mit Blickrichtung zum Zeltfenster auf die linke Seite, lege mein kleines Schlafkissen aufs rechte Ohr und döse langsam weg.

Doch wieder reißt mich ein gewaltiger Lärm aus dem Schlaf. Kein Zweifel: Es war das Bersten eines Baumes, den ein Elefant umgebrochen haben muss. Es ist jetzt 2:45 Uhr, meine Blase zwingt mich zum Handeln. Wir haben zwar eine Biotoilette im Zelt, aber die benutzen wir nie. Die Zeiten, in denen ich mich nachts nicht aus dem Zelt traue, sind längst vorbei. Ich weiß, dass die Raubtiere, egal ob Löwe, Leopard oder die allnächtlich um unser Zelt streunenden Hyänen spätestens dann verschwinden, wenn sie das Geräusch eines Reißverschlusses hören. So trete ich ein paar Schritte vor unser Zelt und erledige mein kleines Bedürfnis. Die ganze Nacht lang brennt im Camp die Öllampe und auch das Lagerfeuer glimmt noch. Sehen kann ich trotzdem nichts. Aber ich höre den Elefanten, der vielleicht dreißig, vierzig Meter von unserem

Zelt entfernt an der Arbeit ist. Und er ist nicht allein gekommen, er hat seine Freunde mitgebracht. Ganz nach dem Motto „Gemeinsam sind wir noch stärker" machen sie Kleinholz auf unserem Zeltplatz. Um an das wohlschmeckende, frische Geäst in Höhen von mehr als 15 Metern zu kommen, brechen sie mit ihrer gewaltigen Kraft Baumstämme einfach ab. Kleinere Bäume werden komplett umgelegt. Ich höre nicht nur das Bersten, sondern auch das Zermalmen des Holzes im Maul der Elefanten, selbst das Kollern ihrer Mägen. Was für ein schauriges Szenario. Ich weiß zwar, dass die Elefanten Zelte umgehen, aber ob sie die Entfernung eines umzulegenden Baumes zu unserem Zelt richtig berechnen können, bezweifle ich. Ich gehe zurück und erzähle Doris, dass wir uns wohl auf eine lange, ungemütliche Nacht einstellen müssen. Und damit sollte ich Recht behalten. Anscheinend kommen immer mehr Elefanten dazu, überall krachen die Bäume. Wir kommen uns unwahrscheinlich klein und hilflos vor.

Erst als unser Helfer um 5 Uhr sein Zelt öffnet, macht sich Erleichterung breit. Wie jeden Morgen bringt er uns etwas Waschwasser, kocht Tee und facht das Lagerfeuer wieder an, um Toast zu rösten. Wenig später stehe ich auf, um unsere wenige Schritte vom Zelt entfernte Buschtoilette aufzusuchen. Es ist ein kühler Morgen, 16 Grad zeigt meine Treckinguhr. Die Elefanten sind noch immer da. Vielleicht vierzig Meter hinter unserem Zelt sind sie jetzt an der Arbeit. Im Morgengrauen kann ich sie nun gut erkennen. Es sind acht Tiere, alles Bullen. Das Ausmaß ihres nächtlichen Wirkens ist erschreckend. Es sieht aus wie auf einem Schlachtfeld, überall abgebrochene Bäume und bergeweise Geäst, das die Elefanten achtlos liegen lassen. Sie scheinen es zu genießen, ihre gewaltigen Kräfte an den Bäumen auszulassen. Gerade demonstriert mir der größte Bulle seine „Arbeitsweise". Er nimmt den Stamm eines sich in etwa zwei Metern Höhe gabelnden Baumes zwischen seine Stoßzähne, stemmt sich mit den Hinterbeinen gegen den Erdboden und stößt ein paar Mal mit der Stirn gegen den Baum, bis er berstend bricht und zu Boden stürzt. Wie ein Spielzeug hebt der Bulle den Stamm samt Krone mit dem Rüssel hoch und trägt ihn einige Meter davon, um ungestört fressen zu können. Während wir uns die Zähne putzen und dann am Lagerfeuer unseren Tee schlürfen, lassen wir die Elefanten nicht aus den Augen. Natürlich beobachten sie uns auch, geben sich aber völlig entspannt. Sie haben Wichtigeres zu tun, als sich mit uns anzulegen. Sie werden hier den ganzen Tag fressen und sich kaum weiter bewegen. Elefanten fressen, von kleinen Ruhepausen abgesehen, rund um die Uhr. Dabei leisten sie ungewollt einen erheblichen Beitrag zur Zerstörung ihres eigenen Lebensraumes, zumindest hier in Botswana. Es ist jetzt 6:30 Uhr und wir wollen, wie jeden Morgen um diese Zeit, zur Pirschfahrt aufbrechen. Zuvor will ich die fressenden Elefanten noch einmal kurz filmen. Als ich mich ihnen nähere, hält der große Bulle inne, schaut mich an und schüttelt den Kopf, sodass die riesigen Ohren gegen seinen Körper klatschen. Das ist die typische Unmutsgeste, die mich abschrecken soll. Ich habe verstanden und ziehe mich langsam zurück. Auch Doris macht noch schnell ein paar Fotos, sonst würden wir vielleicht in ein paar Monaten selbst nicht mehr glauben, was wir in dieser Nacht erlebt haben. Die nächste Nacht werden wir anderswo verbringen, denn auf Erlebnisse dieser Art kann ich auch auf unseren künftigen Afrikareisen durchaus verzichten.

Elefantenbulle im Okawangodelta

Sattelstorch

Löwen in der Kalahari

Doris und
ich am
Khwai-River

Elefanten
durchqueren
den Khwai

Ein seltenes
Bild: Flusspferd
an Land

Wildhunde am Riss

Leitrüde des Khwai-Rudels

Moorantilope

Giraffe frisst Frucht des
Leberwurstbaumes

Elefantenkuh mit Jungtier
bei der Arbeit

Löwen haben einen Elefanten gerissen, die Aasfresser warten schon

Der Morgen nach der „Nacht der Elefanten"

Sambia

Wildtierparadiese an den Ufern des Luangwa und Sambesi

Sambia ist der Geheimtipp für Afrikaabenteurer, die so wie wir die Abgeschiedenheit der Wildnis suchen. Es gibt kaum touristische Infrastruktur. Die wenigen Camps in den unendlichen Weiten der Wildnis sind auf dem Landweg nur schwer oder gar nicht zu erreichen, nur mit dem Buschflugzeug oder per Boot auf dem Sambesi. Die Landschaftsstruktur Sambias ist dank der großen Flüsse – Kafue, Luangwa und Sambesi – äußerst abwechslungsreich. Neben den üblichen Savannen gibt es auch ausgedehntes Buschland, Wälder und Sumpflandschaften. Das Klima ist sehr unterschiedlich. Während es im höher gelegenen Norden häufig regnet und die Temperaturen eher gemäßigt sind, herrscht in den Flussniederungen des Luangwa und des Sambesi im Süden des Landes tropisch heißes Klima. Besonders der September, erst recht der Oktober, gelten mit Temperaturen über 40 Grad als „Killermonate". Auch nachts fallen dann die Temperaturen kaum noch unter 25 Grad. In dieser Zeit trocknen die kleineren Flüsse aus, weshalb sich die Tiere an den wenigen verbliebenen Wasserstellen versammeln. Aus diesem Grund wählen wir den September als Reisemonat.

Die facettenreiche Landschaft ist Heimat unzähliger Tierarten, wie es sie in dieser Vielfalt sonst nur noch in Botswana gibt. Sämtliche, mit Afrika in Verbindung zu bringende Säugetierarten, natürlich auch die „Big Five", sind in Sambia zu Hause.

Gebucht haben wir drei stationäre Zeltcamps in den Nationalparks South Luangwa, Luambe und Lower Sambesi. Im eigenen Zelt durch die Wildnis zu ziehen, ist uns in Sambia nicht möglich. Dazu sind die Entfernungen und die damit verbundenen Risiken einfach zu groß. Es wäre nicht möglich, kurzfristig Lebensmittel und Trinkwasser zu beschaffen, ganz abgesehen von Notfallhilfe. Die von Europäern geführten Camps bieten hingegen einen hohen Standard. Die Zelte sind mannshoch, wegen des Hochwasserschutzes in der Regenzeit auf Holzplateaus gebaut und zweckmäßig eingerichtet, auch mit Dusche und Toilette.

Im Gegensatz zu den meisten Nationalparks in anderen Ländern bietet Sambia einzigartige Safarimöglichkeiten. Hier sind auch Walking- und Nachtsafaris erlaubt, was für uns der Hauptgrund unserer Abenteuerreise hierher ist. Und unsere Erwartungen sollten nicht enttäuscht werden.

Auf Spurensuche nach Löwen

Wir haben ein Buschcamp tief im South-Luangwa-Nationalpark direkt am Luangwa gebucht. Unser Zelt erreichen wir über einige Stufen auf einem etwa zwei Meter hohen Holzplateau, das ganz nach unserem Geschmack ist: die Vorderfront komplett offen, nur mit einer Gardine als Insektenschutz. So haben wir von unserem Bett aus freien Blick auf die Wildnis, die uns umgibt.

Tagtäglich um die Mittagszeit bekommen wir Besuch von einem alten Elefantenbullen, der sich zumeist etwa eine Stunde lang bei uns aufhält. Er frisst an den Bäumen und reißt kleinere Büsche aus. Auch der Buschküche stattet er stets einen Besuch ab, denn er ist immer neugierig, was gerade zubereitet wird. Manchmal sehen wir ihn nicht kommen und erschrecken uns dann, wenn sein Rüssel plötzlich an unserem Fenster auftaucht. Doch schon nach einigen Tagen kennen wir uns so gut, dass ich mich auf das Plateau setze, um unseren Besucher dort zu erwarten. Auf ihn ist Verlass, er kommt immer vorbei, wenn auch manchmal etwas verspätet. Ohne jede Scheu traut er sich bis auf wenige Schritte an mich heran. Niemals zeigt er Anzeichen von Aggression, stets ist er freundlich und entspannt, genau wie ich. Für mich, auf meinem zwei Meter hohen Plateau, ist es ein einzigartiges Erlebnis, dem größten Landsäugetier auf Augenhöhe und aus nächster Nähe zu begegnen.

In jeder Nacht hören wir die Löwen brüllen. Als dieses Gebrüll eines Nachts besonders laut ist und von der gegenüberliegenden Flussseite zu kommen scheint, beschließt unser Führer, diese Stelle am nächsten Morgen aufzusuchen. Pünktlich um 6 Uhr, nach einem Tee und ein paar Keksen, geht es im Kanu auf die andere Seite des Flusses.

Es ist schwer, Löwen in der Wildnis zu finden, da ihr sandfarbener Körper mit der Umgebung verschmilzt. Gewöhnlich ruhen sie tagsüber im Schatten unter Büschen und Bäumen. So kann man leicht an ihnen vorbei laufen, ohne sie zu bemerken. Um Löwen zu finden, muss man ihren Spuren folgen, was für erfahrene Führer kein Problem ist. Sie erkennen das Alter der Fährte und können einschätzen, ob es Sinn macht, ihr zu folgen. Nach einigen Instruktionen über die von nun an geltenden Regeln und Verhaltensweisen kann das Abenteuer beginnen.

Kein Wort darf mehr gesprochen werden, die Verständigung erfolgt nur noch per Handzeichen. Erstmals werden wir in Afrika nicht nur von einem Führer, sondern zusätzlich von einem bewaffneten Ranger begleitet. Uns ist ein bisschen mulmig zumute. Es dauert tatsächlich nicht lange, bis unser Führer Löwenspuren findet. Dabei handele es sich nicht um ein ganzes Rudel, sondern nur um zwei Weibchen, sagt er. Von nun an geht es langsam und vorsichtig im Gänsemarsch weiter, vorneweg der Ranger mit seinem großkalibrigen Gewehr im Anschlag, dahinter unser Führer und dann wir.

Löwen jagen und ruhen gern an Flussufern. Von hier aus haben sie gute Sicht auf ihre Umgebung und potentielle Beutetiere. Auch diese beiden Löwinnen müssen irgendwo am Fluss zu finden sein, zumindest weisen ihre Spuren in diese Richtung. Dann, nach etwa 20 Minuten kommen die Handzeichen für „Halt" und „in die Hocke gehen". Unser Führer zeigt auf einen Busch, keine einhundert Meter entfernt. Wir sehen nichts. Will er uns nur einen Schrecken einjagen? Indem er Sand aus seiner Hand rieseln lässt, testet er die Windrichtung. Nun gibt er uns zu verstehen, dass wir leicht gebückt und Deckung suchend einen kleinen Rechtsbogen gehen sollen – schließlich müssen wir uns gegen den Wind in Richtung des besagten Busches bewegen. Mein Herz rast, jeder Muskel ist angespannt. Langsam, aber stetig, nähern wir uns dem Busch. Etwa 50 Meter davor kommt erneut das Zeichen für „Halt". Alles was ich sehe, sind vier Beine. Löwen ruhen mit Vorliebe auf dem Rücken, die Beine in die Luft gestreckt. Noch ein paar Schritte und ich kann die erste Löwin sehen. Sie wittert uns, blickt sich um und sieht uns direkt in die Augen. Aber anstatt uns anzugreifen, springt sie auf und läuft davon. Die zweite Löwin folgt ihr. Nur noch kurz können wir ihnen hinterher blicken, bevor wir sie aus den Augen verlieren.

Es dauert einige Zeit, bis sich unser Puls wieder normalisiert. Wir haben gelernt, wie sich die Löwen gegenüber den Menschen verhalten: Während sie einen Jeep eher gelangweilt betrachten, flüchten sie vor Menschen, die sich zu Fuß nähern. Nun, für unsere beiden Führer ist die Sache damit nicht erledigt. Erneut wollen sie die Löwen suchen. Jetzt würde es schließlich einfach sein, da wir die Fluchtrichtung kennen. Und weil Löwen sehr faul sind, werden sie kaum unnötig weite Strecken laufen. Also werden sie sich irgendwo in der Nähe zur Ruhe legen, wenn sie sich nicht mehr verfolgt fühlen. Also folgen wir ihrer Spur erneut und entdecken sie ziemlich schnell. Nur ein paar hundert Meter weiter stehen beide Löwinnen an einem Busch und starren gebannt in unsere Richtung. Dann rennen sie wieder davon. Dieses Mal aber so weit, dass wir ihnen nicht mehr folgen können.

Nachtsafari

Unser zweites Camp liegt im Luambe-Reservat, einem vergleichsweise kleinen Wildschutzgebiet. Auch dieses Camp liegt direkt am Luangwa-River. Hier ist der Wasserstand des Flusses noch so hoch, dass die Flusspferde untertauchen können – und daher haben wir niemals Ruhe. Mehrere Herden haben sich an der Stelle versammelt, die nur 50 Meter von unserem Zelt entfernt ist. Selbst am Tage, der eigentlichen Ruhezeit von Flusspferden, geraten die dominanten Bullen angesichts der räumlichen Enge im Kampf um die Vorherrschaft immer wieder aneinander. Das dröhnende Grunzen lässt uns nachts meist nur kurzzeitig in den Schlaf kommen. Aber das Camp und die Wildnis ringsum haben auch eine höchst angenehme Seite. Wir sind die einzigen Gäste im gesamten Reservat. Hier sind wir ganz allein, nur in Begleitung unseres Fahrers Mac. Von nichts und niemandem sind wir abhängig und können tun und lassen was wir wollen, rund um die Uhr.

Die erste Pirschfahrt verläuft ein wenig enttäuschend. Diese Region Sambias ist ausgesprochen trocken. Bäume gibt es kaum, lediglich Grasland mit vereinzelten Büschen. Buschbrände, die teilweise noch qualmen, haben jetzt, auf dem Höhepunkt der Trockenzeit, das vertrocknete Gras abgebrannt. Eine eher trostlose Wildnis, die uns hier empfängt.
Am nächsten Vormittag fahren wir in ein anderes Gebiet, Afrika ist schließlich groß genug. Ziel ist diesmal ein See. Schon ehe wir das Feuchtgebiet erreichen, begegnen wir den ersten Tieren, nur leider nicht denen, auf die wir gehofft haben. Ein Schwarm Tsetse-Fliegen fällt in unser nach allen Seiten offenes Auto ein. Gegen diese Plagegeister ist kein Kraut gewachsen. Sie umfliegen ihre wehrlose Beute im Zickzackflug und lassen sich dann einfach fallen, um sofort an ungeschützten Körperteilen zuzubeißen. Als einzige Abwehrmöglichkeit haben wir immer ein Handtuch und Insektenspray griffbereit. Sprühen, um sich schlagen und Vollgas geben – davon abgesehen hilft nichts.
Leider haben wir auch am See nicht viel Glück. Außer einer Horde Paviane, vielleicht 30 oder 40 Tiere, die mehrere Bäume ringsum beernten und reife Früchte verschwenderisch auf uns herunterfallen lassen, sehen wir keine Tiere. Ist es die Ruhe vor dem Sturm, oder warum lassen sie sich nicht blicken?

Im See wimmelt es von Fischen – ein wahres Schlaraffenland für Fischfresser. Jede Menge Reiher und Kormorane finden hier eine reich gedeckte Tafel. Die Reiher stehen bewegungslos im Wasser und warten auf einen Fisch, um dann blitzschnell zuzustoßen. Die Kormorane haben eine andere Jagdmethode: Unter Wasser jagen sie ihre Beute, tauchen auf und verschlucken den Fisch dann im Ganzen, mit dem Kopf voran. Sie sind unglaublich effektive Unterwasserjäger. Selten taucht einer der Vögel ohne Fisch im Schnabel wieder auf.

Vor uns ist ein Nimmersattstorch auf Futtersuche. Der Nimmersatt ist etwas größer als unser heimischer Weißstorch, hat ebenfalls weißes Gefieder, einen gelben, kräftigen Schnabel und einen markanten roten Ring um die Augenregion. Mit seinem Schnabel durchkämmt er systematisch das Flachwasser, um Fische oder Krebstiere aufzujagen.

Ganz entspannt können wir an diesem Vormittag die Wasservögel beobachten. Aber, um ganz ehrlich zu sein: Wir suchen in Afrika eher die Spannung, weniger die Entspannung. Und so hoffen wir nach einem weniger erfolgreichen Vormittag auf die an diesem Tag erstmals anstehende Nachtsafari.

In Afrika hat man einen 12-Stunden-Rhythmus. Gegen 6 Uhr wird es hell und ab 18 Uhr sehr schnell dunkel. Wolkenloser Himmel und Sonnenschein am Tage bieten bestes Licht zum Filmen und Fotografieren. Und nachts sorgen das fahle Mondlicht und die Sterne immer dafür, dass es nie richtig finster wird, aber auch für eine gespenstische Atmosphäre. Heute nun erwartet uns erstmals eine Nachtsafari. Mit einem zusätzlichen leistungsstarken Scheinwerfer, der an die Autobatterie angeschlossen wird, starten wir noch vor Einbruch der Dunkelheit in die Wildnis. Zur Nachtzeit zeigt auch die Tierwelt ihr zweites Gesicht. Viele Tiere sind überwiegend oder ausschließlich nachtaktiv. Der Pauschaltourist in Kenia oder auch in anderen Nationalparks bekommt diese Tiere niemals zu Gesicht.

Schon über eine Stunde sind wir unterwegs. Außer zwei Warzenschweinen – einer Bache und einem starken Keiler, der mit seinen mächtigen gekrümmten Hauern auch für Raubtiere ein ernstzunehmender Gegner ist – haben wir bisher nichts gesehen. Dann fliegt eine Gruppe von Kronenkranichen nur wenige Meter über uns hinweg. Nur selten hat man in Afrika die Möglichkeit, diese anmutigen, wunderschönen Vögel aus nächster Nähe zu beobachten und zu fotografieren, wie an diesem späten Nachmittag, kurz vor Einbruch der Dunkelheit.

Nach 19 Uhr reichen unsere Autoscheinwerfer nicht mehr aus, um Tiere zu erkennen. Nun ist es an der Zeit, den zusätzlichen Scheinwerfer einzuschalten. Ich übernehme die Funktion des Beleuchters, während wir mit offenem Dach im Schritttempo durch die dunkle afrikanische Wildnis fahren. Auf meinem Sitz stehend, kann ich die Gegend ringsum wunderbar nach Tieren absuchen. Was für ein spannendes Szenario. Tiere, die man am Tage sicher übersehen würde, entdeckt man nachts leichter. Im Scheinwerferlicht leuchten ihre Augen unübersehbar hell und verraten ihre Anwesenheit.

Und dann endlich, vielleicht 20 Meter entfernt an einem Busch, strahlen uns zwei Augen an. Was für ein Tier ist es? Um diese Frage zu beantworten, muss man folgende Dinge wissen: Zwei Augen bedeuten Einzelgänger, viele Augen Herdentiere. Die Augenfarbe ist bei den Tierarten unterschiedlich, die Höhe über der Erde verrät ihre Größe. Meistens kann man auch einen Schatten erkennen. Hier haben wir eine Ginsterkatze, auch Genette genannt, entdeckt. Ginsterkatzen sind wunderschöne Tiere mit gräulich-geflecktem Fell, schlankem Körper und einem langen, buschigen Schwanz. Sie sind etwas größer als unsere Hauskatzen und haben eine spitze Schnauze, ähnlich einem Fuchs. Sie sind Nachttiere, fressen Kleingetier aller Art und können dem Menschen gegenüber richtig zutraulich werden. In der Serengeti bekamen wir allabendlich Besuch von einer Ginsterkatze im Essenzelt. Sie legte sich immer an die gleiche Stelle und wartete geduldig darauf, einen Bissen abzubekommen. Wir halten an, um die Katze einige Minuten lang zu beobachten. Sie liegt reglos an ihrem Busch und lässt sich auch durch unser Scheinwerferlicht nicht stören.

Es ist ungemein spannend, nachts im Busch die Gegend mit dem Scheinwerfer abzusuchen – vor allem dann, wenn man plötzlich ein Meer von Tieraugen aufleuchten sieht. Als Nächstes stoßen wir auf eine Herde Pukus, einer kleineren Antilopenart, die in Sambia sehr häufig ist. Die Antilopen sind insbesondere nachts höchst aufmerksam, weil dies die Jagdzeit ihrer ärgsten Feinde wie Löwen und Leoparden ist. Einige der Tiere haben sich niedergelegt, die meisten aber stehen und äugen nervös herum. Wie sich herausstellt, haben sie dazu auch allen Grund. Nur einige hundert Meter weiter trifft unser Scheinwerfer die Augen eines richtigen Räubers: Ein Leopard, und zwar ein kräftiges, erwachsenes Männchen. Leoparden sind strikte Einzelgänger und besetzen große Reviere, deren Grenzen sie regelmäßig kontrollieren und markieren.

Niemals würden sie Eindringlinge dulden. Nur paarungswillige Weibchen werden bis zur Paarung im Revier eines Männchens akzeptiert, danach aber wieder vertrieben. Leoparden sind nahezu perfekte Raubtiere. Sie sind listige und erfolgreiche Jäger, dazu unglaublich kraftvolle und gnadenlose Kämpfer, auch untereinander. Gleichstarke Männchen bekämpfen sich bei Revierstreitigkeiten nicht selten mit äußerster Brutalität so lange, bis eines der Tiere aufgibt oder gar getötet wird.

Dieses Männchen, das wir da vor uns sehen, ist damit beschäftigt, seine Reviergrenzen zu kontrollieren. Gemächlichen Schrittes läuft es sein Revier ab. Es bleibt an jedem Baum und an jedem Busch stehen und prüft, ob fremde Artgenossen hier markiert haben, um dann mit einem Urinstrahl selbst eine Marke zu setzen. Etwa zehn Minuten lang begleiten wir dieses majestätische Raubtier, ohne dass es sich durch unseren Scheinwerfer belästigt fühlt. Dann verschwindet der Leopard plötzlich hinter einer kleinen Anhöhe.

Nach fast drei Stunden Safari quer durch den Busch geht es zurück in Richtung Camp. Noch einmal kreuzen Tiere unseren Weg: Etwa einhundert Meter vor unserem Auto sehen wir sechs Augenpaare, die sich in einigen Metern Abstand voneinander bewegen. Wir können aber auch die Schatten der Tiere erkennen und deren hoppelnden Laufstil. Es sind Hyänen, die sich auf der Jagd befinden.

Kurz vor unserem Camp stoppt Mac noch einmal. Wir wissen, er hat irgendetwas gesehen, oder er hält Ausschau nach Flusspferden, die jetzt an Land grasen und uns beim Verlassen des Autos angreifen könnten. Aber es ist ein harmloses Tier: Mac hat ein Chamäleon entdeckt, das auf dem Zweig eines Baumes sitzt, unter dem wir gerade hindurch gefahren sind. Wieder einmal sind wir erstaunt über die wachen Augen unseres Buschführers. Nach zwei eher langweiligen Tagen können wir nach dieser spannenden Nachtsafari feststellen, dass es doch richtig wilde Tiere hier im kleinen Luambe-Schutzgebiet gibt. Nun hoffen wir natürlich auf weitere ähnlich spannende Erlebnisse, auch tagsüber. Und unsere Hoffnung sollte sich erfüllen, denn schon der nächste Tag wird uns eines unserer spektakulärsten Afrikaerlebnisse überhaupt bescheren.

Nächtliche Löwenjagd

Wie immer sind wir schon bei Sonnenaufgang unterwegs. Es ist noch gar nicht ganz hell, als wir Löwenspuren finden. Löwen gehen mit Vorliebe auf Pfaden, die von Autos in den Busch geschlagen wurden. Hier geht es sich einfach bequemer, kein Baum oder stachliger Dornenbusch steht im Weg. Auch dieses Rudel denkt wohl so, denn ihre Spuren sind auf einer Autospur, die wir selbst am Vortag hinterlassen haben. Sie sind noch frisch, sodass wir ihnen nur folgen müssen.

In dieser offenen Graslandschaft ohne Bäume und mit nur wenigen Büschen ist es tatsächlich nicht schwer, das Rudel zu entdecken. Es sind sieben Löwinnen, die sich gerade einer kleinen Gruppe Gnus und Zebras zu nähern versuchen. Den Bauch an den Erdboden gepresst, nutzen sie jeden Grasbüschel als Deckung und nähern sich so der potentiellen Beute. Diese wiederum hat ihre Totfeinde längst entdeckt. Schnaubend und mit den Vorderbeinen trappelnd, blicken sie den Löwen in die Augen. Anstatt panisch die Flucht zu ergreifen, bleiben Antilopen und Zebras so lange stehen und beobachten das Verhalten ihrer Feinde, bis die Raubtiere angreifen. Antilopen sind im Sprint aber schneller und ausdauernder als die Löwen, die tagsüber kaum eine Chance haben, Beute zu machen. So ist es auch in diesem Fall. Zwei der Löwinnen setzen einen eher halbherzigen Sprint an, was die Gnus und Zebras dazu veranlasst, den Räubern ihre sportliche Überlegenheit zu demonstrieren. Spielerisch springen sie davon. Nach nur wenigen Metern geben die Löwen ihre aussichtslose Jagd auf.

Scheinbar haben wir aber ein hungriges Rudel gefunden. Mac ist sich sicher, dass die Löwen sehr bald wieder zur Jagd aufbrechen werden, wahrscheinlich sogar schon in dieser Nacht. Für uns ist klar, dass wir sie dabei beobachten wollen, auch wenn wir uns dabei die ganze Nacht um die Ohren schlagen müssen.

Löwen bei der Jagd zu filmen, ist selbst für professionelle Tierfilmer schwierig. Manche von ihnen benötigen Monate, manche schaffen es sogar nie, zur richtigen Zeit am richtigen Ort zu sein. Aber wir wollen bei einer Löwenjagd dabei sein, davon habe ich schließlich schon immer geträumt.

Eher als sonst und etwas nervös brechen wir am Nachmittag auf. Wir folgen unseren Autospuren vom Morgen und haben tatsächlich keine

Probleme, die Löwen wiederzufinden. Sie haben sich nur wenige Meter weiterbewegt, bis an den Rand eines mit höherem und dichterem Gras bewachsenen Gebietes. Hier liegen alle sieben Löwinnen ganz entspannt, einige haben die Beinen gen Himmel gestreckt. Die Uhr meiner Videokamera zeigt 17.15 Uhr an. Wir halten wenige Meter neben den Tieren, stellen den Motor ab und uns auf eine lange Nacht ein. Von jetzt an warten wir. Und wenn die Löwen zur Jagd aufbrechen, werden wir ihnen folgen.

Es gibt wohl nichts Langweiligeres, als einem Löwenrudel beim Schlafen zuzusehen. Löwen sind Meister der Entspannung. Meist liegen sie auf der Seite, manchmal auf dem Rücken, die Beine in die Luft gestreckt. Die Minuten ziehen sich wie Kaugummi. Es kann noch Stunden dauern, bis sich etwas regt. Vielleicht tut sich auch die ganze Nacht nichts. Zwischenzeitlich ist es dunkel geworden. Aber der Mond und der wunderbare afrikanische Sternenhimmel beleuchten die Szenerie ein wenig. Und dann, völlig unvermittelt, um 18.35 Uhr, erhebt sich eine der Löwinnen, vermutlich die Anführerin des Rudels. Sie streckt sich nach Katzenart und geht ein paar Schritte zu ihrer Nachbarin, von der sie freudig begrüßt wird. Beide reiben ihre Köpfe aneinander und springen sich an. Auch die anderen Tiere haben sich inzwischen erhoben und zeigen ihre Zuneigung durch gegenseitiges Kuscheln.

Kein Zweifel: Das ist die Vorbereitung zur Jagd. Es ist immer das gleiche Ritual des Warmlaufens, ehe Löwen zur Jagd aufbrechen. Und dann ist es soweit, meine Uhr zeigt 18.50 Uhr. Die Leitlöwin geht an unserem Auto vorbei, direkt in eine Schneise, die durch das mannshohe Gras führt. Eine Löwin nach der anderen folgt ihr im Abstand von etwa 20 Metern. Gemächlich, scheinbar lust- und ziellos, gehen sie im Gänsemarsch den gleichen Weg. Noch etwa 30 Meter können wir sie im Kegel unserer Taschenlampen sehen, bis sich ihre Wege trennen. Einige verschwinden links, die anderen rechts im hohen Gras. Es ist die Strategie und Jagdtaktik der Löwen, ihre Opfer von zwei Seiten in die Zange zu nehmen. Nun ist unser Fahrer gefragt. Er muss vorausahnen, wo die Löwen zuschlagen werden. Er kennt nicht nur die Gegend wie seine Westentasche, er kann sich anscheinend auch in die Gedanken der Löwen hineinversetzen. In dem für die Wildnis höchstmöglichen Tempo umfährt er den Grasgürtel. Jetzt zählt jede Sekunde. Es ist 19.04 Uhr, als wir eine größere Lichtung erreichen, von der uns unzählige Augenpaare entgegenleuchten. Wir haben eine Herde Pukus vor uns, die offensichtlich das Ziel der Löwen ist. Die Tiere wirken nervös. Sie haben ihre Feinde schon gerochen, wissen aber nicht, aus welche Richtung sie gleich angreifen werden. Einige springen hektisch davon, manche sind tragischerweise unfähig zu flüchten. Sie stehen bewegungslos da, um sich sehenden Auges wehrlos ihrem Schicksal zu ergeben. In diesem Moment schlagen die Löwen zu. Zwei von ihnen springen aus dem Gras direkt in die Mitte der Pukus, die voller Panik davon stürmen – einige leider genau in Richtung der lauernden Raubtiere. Zwei Löwinnen greifen sich ein Puku und bringen es augenblicklich zu Fall. Sofort beginnt das Puku fürchterlich zu schreien. Bei großen Beutetieren beißen die Löwen normalerweise in den Hals, bei Büffeln in das Maul, um sie zu ersticken. Bei dieser kleinen, etwa rehgroßen Antilope machen sie sich diese Mühe nicht. Zwei weitere Löwinnen stoßen nun dazu, zu viert zerreißen sie das Puku. Nach nicht einmal einer Minute haben alle vier Raubtiere schon große Stücke aus ihrer Beute gerissen und verschlungen, und noch immer schreit das Puku. Erst nach fast zwei Minuten verstummen seine Todesschreie und gerade in diesem Moment geschieht das Unglaubliche. Zwei Löwinnen unterbrechen das Fressen und blicken zur Seite. Nur wenige Meter entfernt steht wie versteinert ein weiteres Puku, das entweder gar nicht geflüchtet oder wegen der Schreie zurückgekehrt war und dabei zusieht, wie sein Artgenosse aufgefressen wird. Natürlich lassen sich die Löwen nicht zweimal bitten. Auch dieses Puku wird geschnappt und gefressen. Es dauert nur etwa 45 Minuten, bis die vier Löwinnen mit den letzten Resten der Antilopen im hohen Gras verschwinden. Die drei anderen Löwinnen haben mit Sicherheit anderswo zugeschlagen, sonst wären auch sie am Riss erschienen.

Manchen Menschen wird das Töten der Löwen grausam erscheinen. Aber das ist Natur. Die Raubtiere fressen ausschließlich Fleisch und töten nur, um selbst zu überleben und für ihren Nachwuchs zu sorgen. Auch ist es ein Trugschluss, dass die Löwen in Afrika im Schlaraffenland leben. Ganz im Gegenteil: Die Pflanzenfresser haben es leichter. Auf ihrer Suche nach frischem Grün müssen sie immer nur dem Regen folgen. Noch nie haben wir in Afrika ausgehungerte Zebras, Gnus oder Antilopen gesehen. Ganz anders ist es bei den Löwen. Sie besitzen Reviere und sind darauf angewiesen, dass sich genügend Beutetiere darin aufhalten. Ist dies nicht der Fall – wie bei der Wanderung der Gnus in der Serengeti und Massai-Mara – beginnt die Zeit des Hungerns.

Auch ist bei Weitem nicht jede Jagd erfolgreich. Da die Löwen ihren Beutetieren in punkto Schnelligkeit und Ausdauer unterlegen sind, ist bei ihnen nur etwa jede vierte Jagd durch Erfolg gekrönt. Herrscht in einem Löwenrudel Hunger, sind stets die Letzten in der Fresshierarchie die Leidtragenden. Es sind die alten, schwachen und jungen Tiere. Ohne genügend Fleisch haben die Mütter nicht genügend Milch und die Babys müssen verhungern. Die Sterblichkeit der Junglöwen ist sehr hoch und auch alte und schwache Tiere werden manchmal aus dem Rudel verbannt, was für sie das Ende bedeutet. Schon mehrmals haben wir ausgestoßene Löwinnen angetroffen, die völlig abgemagert ihrem Ende entgegen sahen.

Besuch im Dorf

In Afrika haben wir selten Kontakt zur einheimischen Bevölkerung. Wir werden am Flughafen abgeholt und von dort aus geht es direkt in die Wildnis. Doch in Sambia bieten uns zwei Campmitarbeiter an, ihr Dorf zu besuchen, welches von den Eigentümern unseres Camps unterstützt wird – nicht zuletzt mit dem Geld der Touristen.

Die Tatsache, dass wir in dem Dorf auch zum Essen eingeladen werden, macht uns etwas skeptisch. Schließlich kennen wir die ärmlichen Lebensverhältnisse in Afrika. Umso erfreuter sind wir über den hohen Lebensstandard. Anders als sonst in Afrika üblich liegt hier kein Müll herum, die Hütten sind in gutem Zustand. Die Frauen haben für uns ihre schönsten Kleider angezogen. Mit Gesängen werden wir von ihnen empfangen, während sich Scharen von Kindern um uns drängen. In Afrika ist es üblich, dass die Familien fünf bis zehn Kinder haben. Leider sind mangelnde Hygiene und weithin fehlende ärztliche Betreuung Gründe für die hohe Säuglingssterblichkeit. Auch Aids und Malaria sind hier weit verbreitet. In Sambia liegt die Lebenserwartung bei unter 40 Jahren.

Wenn wir in Afrika Menschen treffen, haben wir immer kleine Geschenke dabei: Süßigkeiten und Schreibwaren für die Kinder, kleine Schmuckstücke für die Frauen. Die Verteilung unserer Geschenke in diesem Dorf ist für uns allerdings eine Herausforderung, denn durch die unglaublich vielen Kinderhände verlieren wir schnell den Überblick. Und so erklärt sich der Manager unseres Camps, selbst

Dorfbewohner, bereit, die Geschenke zu verteilen. Die Kinder müssen sich in eine Reihe stellen und beide Hände nach vorn halten, damit er sehen kann, welche von ihnen schon Süßigkeiten hinter dem Rücken versteckt halten. So kommt jeder zu seinem Recht. Während ich dieses freudige Ereignis filme, verteilt Doris Haarschmuck an die Frauen und hilft ihnen dabei, die Klemmen und Spangen anzustecken. Als ich den Kindern das Gefilmte zeige und diese sich darauf wiedererkennen, kann ich mich vor ihnen nicht mehr retten. So etwas haben sie noch nie zuvor gesehen. Es ist für uns immer ein großartiges Erlebnis, in die glänzenden Kinderaugen zu sehen oder die Freude der Frauen über unsere kleinen Geschenke zu erleben. Und manchmal ist es schon fast beschämend, so viel Dankbarkeit für Kleinigkeiten zu erfahren. Was für ein Unterschied zum Reichtum in Deutschland.

Mit besonderem Stolz wird uns der kleine Gemüsegarten vorgestellt, sogar einen Brunnen gibt es hier. Ein Eimer wird an einem Seil mit einer handbetriebenen Winde herabgelassen, um Wasser zu fördern – für Afrika durchaus gehobenes Niveau. Die Gartenarbeit ist, wie fast alle anderen Arbeiten auch, Sache der Frauen. Eine junge Mutter ist gerade dabei, den knüppelharten Boden zu hacken. Dabei hat sie ein Kleinkind auf dem Rücken und ein kleines Baby vor dem Bauch. Männer sehen wir bei unserem Besuch nicht.

Und dann werden wir zu Tisch gebeten. Uns zu Ehren gibt es ein Festessen, das wahrscheinlich der Koch unseres Camps gezaubert hat: Hühnerfleisch, Salat und Reis. Besteck gibt es nicht, denn gegessen wird mit den Händen. Jeder nimmt sich mit den Handflächen das aus der Schüssel, was er essen möchte. Ein kleines Mädchen, vielleicht fünf Jahre alt, verspeist mit großem Appetit einige Hühnerflügel. Die kleinen Knochen werden mitgegessen, die Großen fliegen über die Schulter. Uns ist es peinlich, unseren Gastgebern das schöne Fleisch wegzuessen. Um nicht beleidigend zu sein, nehmen wir etwas Salat und halten uns ansonsten diskret zurück.

Der Abschied von diesen freundlichen und lebensfrohen Menschen fällt uns etwas schwer. Alle drücken uns liebevoll die Hände, zuletzt eine ganz junge Mutter mit ihren Zwillingen Anna und Esther, die sie auf dem Rücken und vor dem Bauch trägt.

Nach dem Dorfbesuch dürfen wir noch zwei weitere Einrichtungen besichtigen, die für Afrika alles andere als eine Selbstverständlichkeit sind: die Schule und die Krankenstation. Beides sind kleine Häuschen mit halbhoch gebauten Mauern und einem Dach darüber. In der Schule gibt es nur eine Klasse, in der gerade Addition unterrichtet wird. Auch hier haben wir Kugelschreiber für die Kinder dabei, die der Lehrer verteilt. Den besten behält er für sich selbst. Voller Inbrunst singen uns die Kinder ein Lied über ihre Heimat Sambia. Der Lehrer bittet uns um eine Eintragung ins Klassenbuch, Doris darf einem Jungen sogar eine Widmung in dessen Heft schreiben.

Auch von der Krankenstation sind wir sehr angetan. Die Krankenstatistik steht an der Wand und wird angeführt von Malaria. Heute ist Babytag. Die Mütter haben sich und ihre Babys herausgeputzt und warten stundenlang geduldig, bis sie an der Reihe sind. Die Untersuchungen finden unter freiem Himmel statt. An einem Baum hängt eine Federwaage, mit der die Babys gewogen und dann abgehört werden. Selbst eine kleine Karteikarte gibt es zu jedem Kind. Auch hier kommen wir schnell mit den Müttern ins Gespräch. Arroganz oder Berührungsängste kennt man in Afrika nicht. Doris zeigt den Müttern die Fotos, die sie zuvor in der Schule gemacht hat. „My son", ruft eine der Mütter voller Begeisterung – sie hat ihren Sohn darauf erkannt. Für uns und die Menschen, die wir kennengelernt haben, ist dieser Tag ein großartiges Erlebnis, das wir alle sicher nie vergessen werden.

Nun neigt sich unser Aufenthalt im Luambe-Reservat dem Ende entgegen, und ehrlich gesagt sind wir auch ein bisschen froh darüber. Wir sind erschöpft von den täglich steigenden Temperaturen. Die Hitze wird von Tag zu Tag unerträglicher und an Schlaf ist kaum zu denken, nicht nur wegen des Lärms der Flusspferde. In der letzten Nacht im Camp erwache ich aus dem Halbschlaf. Alles um mich herum dreht sich, mein Bett fährt mit mir Karussell. Ich habe Angst aus dem Bett zu fallen, obwohl ich liege. Ein solches Gefühl hatte ich noch nie zuvor. Ich richte mich auf, lasse die Beine aus dem Bett hängen und trinke Wasser, in dem Doris ein Päckchen Elektrolyte aufgelöst hat. Erst als ich mich in die Zeltdusche setze und langsam Wasser über mich laufen lasse, beruhigt sich mein Kreislauf wieder. Sicher ist dies auch ein Signal meines Körpers, das mir zu verstehen gibt, hier möglichst bald zu verschwinden. Und so packen wir am nächsten Tag unsere sieben Sachen und ziehen weiter.

Auf Spurensuche nach Büffeln und Elefanten

Für die letzten zwei Tage haben wir eine Lodge, direkt am Ufer des Sambesi, gebucht. Hier können wir uns von den Strapazen der letzten Tage erholen. Wir wohnen in einem Rondavel, einem runden Steinbau im afrikanischen Stil. Unser Häuschen ist ausgestattet mit Dusche, WC, richtigen Betten und einem Deckenventilator. Wir freuen uns darauf, endlich wieder ausgiebig duschen und ruhig schlafen zu können.

Die Anreise zur Lodge erfolgt per Boot. Die afrikanische Wildnis vom Boot aus zu erleben, ist ein ebenso spannendes wie entspannendes Erlebnis. Die Artenvielfalt der Tierwelt an den Ufern der großen Ströme ist vor allem in der Trockenzeit atemberaubend. Unzählige Vogelarten – darunter Gänse, Störche und Reiher – leben hier und sind vom Wasser aus bequem zu beobachten. Natürlich hat hier auch die „Stimme Afrikas", der Schreiseeadler, ausreichend große Jagdreviere.

An den Ufern leben die Raubtiere – Warane und bis zu fünf Meter lange Nilkrokodile – wie im Schlaraffenland. Die Räuber brauchen sich kaum von der Stelle zu bewegen, denn ihnen laufen die Beutetiere – Antilopen, vor allem die großen Herden Impalas und Wasserböcke – praktisch bis vor das Maul. Aber auch Büffel, die morgens und abends zum Trinken an den Fluss kommen, sind regelmäßig zu beobachten. Besonders häufig sind am gegenüberliegenden Flussufer, das zu Simbabwe gehört, mächtige Elefantenbullen zu sehen. Sie halten sich aus Sicherheitsgründen gern am Sambesi auf oder kommen sogar über den Strom nach Sambia, um den Gewehren der Großwildjäger zu entgehen. In Simbabwe ist die Elefantenjagd erlaubt, und die größten Bullen mit den größten Stoßzähnen sind bei den Trophäenjägern besonders begehrte Ziele. Hierin liegt auch ein Problem im Umgang mit den Elefanten in der Sambesiregion. Die Elefanten, die schon einmal Bekanntschaft mit den Gewehren der Jäger gemacht haben, sehen den Menschen als Feind und sind deshalb nicht selten unberechenbar und aggressiv. Vielleicht auch deshalb sehen wir dem abschließenden Höhepunkt unserer Sambiasafari mit besonderer Spannung entgegen.

Mit einem der profiliertesten Wildführer des Landes gehen wir zu Fuß in den Busch, um Büffel und Elefanten zu suchen. Es ist einfacher, Löwen zu finden, die ihre Anwesenheit durch nächtliches Brüllen verraten. Büffel und Elefanten hingegen ziehen, selbst in großen Herden, fast lautlos durch den Busch. Umso schwieriger wird das Unterfangen, wenn – wie hier in der wasserreichen Niederung des Sambesi – dichter Baum- und Buschbewuchs die Sicht stark einschränkt. Wir können kaum weiter als 20 Meter sehen, was durchaus ein mulmiges Gefühl in uns hervorruft. Die Büsche sind hier selbst in der Trockenzeit begrünt und mehrere Meter hoch, sodass ein Elefant dahinter nicht zu sehen wäre. Dennoch fühlen wir uns bei unserem Führer Rich absolut sicher. Er erzählt uns, dass er mit seinem Vater, einem Großwildjäger, im Busch aufgewachsen ist. Die großkalibrige Waffe, die er mitführt, beruhigt unsere Nerven ungemein. Zuerst erhalten wir die üblichen Verhaltensinstruktionen: nicht sprechen, beim unverhofften Auftauchen von Tieren ruhig bleiben, nicht weglaufen, keine hektischen Reaktionen, defensiv verhalten, allen Kommandos sofort folgen.

Und dann kann es losgehen. Büffel finden wir an diesem Tag nicht, lediglich ausgetrocknete Losung. Aber schon nach wenigen Minuten stoßen wir auf frische Elefantenspuren. Obwohl die Füße der Dickhäuter rund sind, kann man die Richtung erkennen, in die sie gelaufen sind. Also folgen wir ihren Trittsiegeln. Es sind mehrere Tiere, so viel wissen wir schon. In leicht gebückter Haltung bewegen wir uns im Gänsemarsch vorwärts – vorneweg Rich mit dem Gewehr im Anschlag, dahinter Doris und dann ich. Rich hält immer wieder an, um in alle Richtungen zu blicken. Schließlich könnten sich die Elefanten lautlos von allen Seiten nähern. Immer wieder scharrt er auch mit den Schuhen auf dem Boden. Damit will er die Elefanten auf uns aufmerksam machen. Keinesfalls dürfen wir die Tiere aus nächster Nähe überraschen, weil sie das zu Kurzschlussreaktionen veranlassen könnte.

Und dann kommt das Handzeichen für „Stopp". Rich zeigt auf einen großen Busch, etwa 30 Meter entfernt. Er hat die Elefanten entdeckt. Wir sehen nichts, stehen regungslos da und versuchen, die Dickhäuter auszumachen. Und dann tritt ein Bulle hinter dem Busch hervor, gefolgt von fünf weiteren Tieren. Hoffentlich hat keiner von denen schon einmal in den Gewehrlauf eines Jägers gesehen, denke ich unwillkürlich. Solche Tiere fürchten vor allem die Menschen, die ein Gewehr dabei haben. Aber vollkommen entspannt wechseln sie vor uns zum nächsten Busch, um weiterzufressen. Einige Minuten lang sehen wir den Tieren voller Ehrfurcht dabei zu. Es ist kaum zu beschreiben, was für ein gewaltiges Tier der afrikanische Elefant, das größte Landtier der Welt, ist.

Als die Elefanten genug haben, drehen sie sich um und verschwinden im Busch. Auch wir pirschen uns langsam weiter voran, stets alle Sinne auf Empfang. Gefährlich kann eine Situation werden, wenn man Elefanten nicht rechtzeitig bemerkt und ihnen praktisch in den Weg läuft. Irgendwie haben wir in diesem Buschwerk das Gefühl, überall von Elefanten umgeben zu sein. Und tatsächlich dauert es nicht lange, bis eine weitere Gruppe von vier Tieren direkt auf uns zukommt. Noch etwa 40 Meter entfernt, beginnen sie an einer Buschgruppe zu fressen. Einer der Bullen zeigt etwas mehr Interesse an uns Zuschauern, kommt langsam auf uns zu und geht dann ein paar Schritte nach rechts. Dann dreht er wieder in unsere Richtung und startet urplötzlich einen Angriff. Mit einem kurzen Trompetenstoß läuft er geradewegs auf uns zu, schnell hat er die Entfernung zu uns auf vielleicht 20 Meter verkürzt. Jetzt ist Rich gefragt. So laut er kann, schreit er den wütenden Bullen kurz und aggressiv an: „Stopp!". Der Bulle versteht das Signal, legt die Bremsen an und bleibt stehen. Jetzt beginnt ein minutenlanges Nervenspiel. Wir stehen wie versteinert und trauen uns kaum zu atmen. Der Bulle bewegt sich nicht mehr vom Fleck, einzig sein schwankender Oberkörper und das Treten von einem Bein auf das andere verraten seine Nervosität. Ich glaube, er wägt ab, was er jetzt tun soll. Ob er uns ansieht, dass unser Herz bis zum Hals schlägt? Ganz unvermittelt gibt er plötzlich auf. Er dreht ab und geht zurück zu seinen Artgenossen, um weiterzufressen, so als ob nichts geschehen wäre.

Es dauert einige Zeit, bis sich unser Herzschlag wieder normalisiert. Und dann sind wir ein wenig stolz auf uns. Wir haben eine weitere Lektion gelernt und uns richtig verhalten. Wir haben erstmals, wenn auch mit großem Herzklopfen, eine kritische Situation sicher beherrscht, haben Selbstbewusstsein demonstriert und sind einfach stehengeblieben. Das hat offenbar auch unserem großen Gegner imponiert. Natürlich wissen wir nicht, was den Elefanten zu seinem Scheinangriff bewogen hat. Die Gedanken der wilden Tiere können wir nicht lesen. Niemand kann das, auch nicht die „Tierexperten", die dem staunenden Fersehzuschauer die Gedankenwelt und die Gefährlichkeit wilder Tiere vorgaukeln. Sie inszenieren sich selbst als unerschrockene Helden, um ihre meist kommerziellen Ziele zu verfolgen. Unser Bulle wollte offensichtlich seine Dominanz ausspielen und uns einen kleinen Schrecken einjagen, was ihm wirklich bestens gelungen ist.

Abends am Lagerfeuer gibt es nur dieses Thema. Wir fragen Rich, was eigentlich geschehen wäre, wenn der Bulle sich nicht hätte aufhalten lassen. Unser Buschführer erklärt uns, dass er innerhalb von Sekundenbruchteilen reagiert und in die Luft geschossen hätte. Da Elefanten, wie fast alle Tiere, lauten Knall fürchten, wäre er spätestens dann stehen geblieben. Noch niemals habe er einen angreifenden Elefanten erschießen müssen, erzählt er uns.

Der letzte Tag unseres Sambiaabenteuers führt uns, nach einstündiger Bootsfahrt auf dem Sambesi, in den Lower-Sambesi-Nationalpark. Ein letztes Mal können wir die Artenvielfalt der sambischen Tierwelt genießen. Abermals werden wir aber auch an die Grenzen unserer physischen und psychischen Belastbarkeit geführt. Um die Mittagszeit überschreitet das Thermometer auf meiner Treckinguhr die 40-Grad-Marke, die Sonne knallt erbarmungslos vom wolkenlosen Himmel. Wie immer tragen wir Ganzkörperkleidung und zum Schutz vor der Sonne haben wir unsere Köpfe komplett in Badetücher gewickelt. Diese extreme Hitze ist kaum noch zu ertragen, und so freuen wir uns auf unsere Heimreise am nächsten Tag.

Trotz der Strapazen gehört Sambia zu einem unserer großartigsten Afrikaabenteuer. Bevor wir am nächsten Morgen per Boot auf dem Sambesi in die Zivilisation zurückkehren, verabschieden wir uns mit Dankbarkeit und etwas Wehmut von unseren lieben und zuverlässigen Begleitern und von dem Frosch, der bei allen Mahlzeiten artig neben uns auf dem Raumteilergebälk gesessen und unsere Streicheleinheiten genossen hat. Nur einer fehlt an diesem Morgen: unser Fahrer vom Vortag. Er liegt mit Sonnenstich und Kreislaufkollaps im Bett.

Löwen beobachten eine
Giraffe

Giraffe

Büffel im Lower-Sambesi-
Nationalpark

Tiere am Sambesi:

Elefantenbulle

Nilkrokodil

Flusspferde

Besuch im Dorf:

Ich zeige
Videoaufnahmen

Schulbesuch

Die Zwillinge
Esther und Anna
verabschieden uns

Tansania und Kenia

Im Igluzelt durch die Serengeti

Die meistbesuchten Wildschutzgebiete Afrikas sind die Serengeti in Tansania und ihr kleiner nördlicher Ausläufer, die Massai-Mara in Kenia. Hier sind wir unter so einfachen Bedingungen in der Wildnis unterwegs wie nirgendwo anders in Afrika.

Begleitet von einem Fahrer und einem Koch sind wir in einem Vier-Personen-Jeep auf Abenteuertour. Die Zelte und ein Sack Holzkohle zum Kochen werden auf dem Autodach transportiert. Unsere Nahrungsmittel – Brot, Nudeln, Eier, Obst und Gemüse, vor allem aber genügend Trinkwasser in Flaschen – werden hinter den Rücksitzen und unter den Sitzen verstaut. Der Koch hat auch einen lebendigen Hahn dabei, dem er die Flügel gestutzt und die Beine zusammengebunden hat. Der arme Kerl muss nun, unfähig zu flüchten, im Auto auf sein Ende warten. Eines Tages ist der Hahn verschwunden: Der Koch hat ihn über dem Feuer geröstet und verspeist.

Wir schlafen auf einer Schaumgummiunterlage in einem etwa vier Quadratmeter großen Igluzelt, in dem wir auch noch unser Gepäck unterbringen müssen. Diese Safari ist für uns so etwas wie ein Überlebenstraining, zumindest in puncto Hygiene. Buschdusche und Toilette gibt es nicht. Morgens und abends jeweils eine Hand voll Waschwasser für das Gesicht, mehr ist nicht drin. So ziehen wir durch den Manyara-Nationalpark und die Serengeti. Natürlich haben wir in unserem Zeltcamp auch keine Lampen. Dennoch spenden uns die sternenklaren Nächte, das Lagerfeuer und unsere Taschenlampen in der Dunkelheit genügend Licht, um uns orientieren zu können. Und dann sind da ja auch noch die leuchtenden Augen der Tiere. Authentischer als auf dieser Safari kann man Afrika nicht erleben.

Erst mit Einbruch der Dunkelheit erwacht die Tierwelt der afrikanischen Wildnis so richtig. Es ist ein unbeschreibliches Gefühl, unter freiem Himmel am Lagerfeuer zu sitzen, die Gegend mit der Taschenlampe abzusuchen und dabei Tieraugen zu entdecken, die man kaum zuordnen kann. Richtig abenteuerlich wird die Szenerie durch die verschiedenen Tierstimmen der Zikaden, Eulen, Affen, Schakale, Flusspferde und Paviane. Die markantesten Stimmen der afrikanischen Nacht sind das kilometerweit hörbare Löwengebrüll und das schaurige Geheul der Hyänen. Während Löwen das Lagerfeuer scheuen, streunen Hyänen regelmäßig um das Camp herum. Immer wieder läuft uns ein Schauer über den Rücken, wenn wir aus nächster Nähe eine Hyäne heulen hören und dann mit dem Lichtkegel unserer Taschenlampe die leuchtenden Augen der Tiere treffen.

Im Freien zu schlafen, haben wir uns bis jetzt noch nicht getraut. Wir bevorzugen eine etwas sichere Variante mit einer dünnen Gaze zwischen uns und den wilden Tieren. Das ist schon aufregend genug, wie wir im Lake-Manyara-Nationalpark und in der Serengeti noch oft feststellten sollten.

Elefantenbegegnungen

Der vergleichsweise kleine Nationalpark am Lake Manyara ist selbst in der Trockenzeit von kleinen Bächen durchzogen, recht feucht und dadurch stark mit Bäumen und Büschen bewachsen. Dieser Lebensraum ist nichts für Hetzjäger wie Wildhunde oder Geparde, eher für Leoparden und Löwen, denen dichtes Buschwerk das Anschleichen erleichtert. Pflanzenfresser leben im Manyara wie im Schlaraffenland. Nicht ohne Grund gibt es hier eine extrem hohe Population von Büffeln und Elefanten.

Gleich zu Beginn der Safari bauen unser Fahrer und der Koch ihr eigenes Zelt neben dem Auto auf, unseres indes in einiger Entfernung an einem großen Busch. Wir sollen unsere Ruhe haben, wenn beide schon in aller Frühe am Feuer rumwuseln und Tee kochen, erklären sie uns. Die erste Nacht verläuft relativ ruhig. Löwen brüllen in weiter Ferne, während Hyänen unser Camp nach etwas Fressbarem durchsuchen, was sie natürlich nicht finden. Die Lebensmittel sind stets im Auto unter Verschluss. Wir schlafen nur wenig – ein Igluzelt ist einfach zu beengt und das nächtliche Treiben der Tiere, das wir durch unser Gazefenster im fahlen Mondlicht beobachten können, zu interessant. Am ersten Morgen verlassen wir unser Zelt erst als es hell wird, schließlich müssen wir zunächst die Gegend erkunden und uns einen geeigneten Busch als Toilette suchen. Doris verzieht sich hinter den ersten größeren Busch, ich gehe ein Stück weiter und laufe fast einem der „Big Five" in die Arme. Das wütende Schnauben eines Büffelbullen macht mich freundlich auf seine Anwesenheit aufmerksam. Er steht noch etwa 50 Meter von mir entfernt hinter einem Busch, sodass ich nur seinen gewaltigen Schädel mit den fast einen Meter langen Hörnern sehen kann. Ohne sein Schnauben hätte ich ihn wahrscheinlich viel zu spät entdeckt. Aber so ist Afrika – die wilden Tiere machen sich bemerkbar. Man muss nur die Signale der Natur und der Tiere hören und ihnen folgen.

Ein Büffel kommt selten allein, so auch hier. Es sind mindestens sechs Bullen, die zu mir herüberäugen und auf meine Reaktion warten. Ich bleibe ruhig stehen, um den Tieren zu zeigen, dass sie nichts zu befürchten haben. Die Büffel mustern mich noch einige Augenblicke, dann drehen sie sich um und galoppieren davon. Auch ich drehe ab und suche mir einen anderen Busch für die Morgentoilette.

Den ganzen Tag über sind wir im Jeep unterwegs. Diese etwas andere Landschaft im Manyara ist Lebensraum für einige Tierarten, die wir anderenorts nicht zu sehen bekommen. Im Flachwasser des Manyara leben unzählige Flamingos und Pelikane friedlich miteinander. Im dichten Busch ist es schwer, die Tiere zu finden. Dafür laufen sie einem manchmal direkt vor das Auto, wie eine Büffelherde, die wenige Meter vor uns über den Weg wechselt. Auch eine Elefantenfamilie versperrt uns etwa eine Stunde lang den Weg. Das ist uns sehr recht, denn eine Mutter mit einem wenige Monate alten Baby ist auch dabei. Es ist so lustig anzusehen, wie sich der kleine Bulle übermütig im Sand wälzt und uns ein paar Mal mit abgestellten Ohren provozierend ansieht. Ein halbstarker Jungbulle will uns sogar richtig einschüchtern, als er sich in kurzer Entfernung vor unserem Auto aufbaut, um einen Scheinangriff von wenigen Schritten zu starten. Aber dann bekommt er doch Angst vor seinem eigenen Mut, dreht ab und verschwindet hinter einer der Kühe.

Kurz bevor wir dann am späten Nachmittag wieder im Camp ankommen, treffen wir auf eine unüberschaubar große Elefantenherde. Links und rechts von uns stehen die Tiere fressend an den Büschen. Wir beobachten sie eine Weile und treten dann den „Heimweg" an. Zurück im Camp brennt schon das Lagerfeuer. Der Koch ist gerade dabei, unser Abendessen anzurichten. Während wir uns das Essen schmecken lassen, haben wir die Elefantenherde im Hinterkopf, die wir irgendwo in unserer Nähe vermuten. Und tatsächlich, nur wenig später hören wir das Knacken von Zweigen. Kein Zweifel: Die Elefanten kommen näher. Die ersten Tiere sind keine

200 Meter mehr entfernt. Unser Fahrer legt uns ans Herz, ins Zelt zu gehen. Er und der Koch würden schnell noch alles im Auto verstauen, um sich dann auch zurückzuziehen. Mit einigem Herzklopfen verziehen wir uns in unser Zelt, das auch noch in der Richtung steht, aus der die Elefanten kommen. Na, das kann ja heiter werden!

Das Zelt selbst besteht rundum aus Gaze, die zum Schutz vor Regen mit einer Zeltplane überdeckt wurde. Kleine Fenster zu beiden Seiten und der Eingang aus Gaze gestatten uns freie Sicht in alle Richtungen. Und so liegen wir auf unserer Matte und lauschen den Geräuschen. Lange müssen wir nicht mehr warten, bis die Elefanten eintreffen. Von überall her hören wir, wie die Tiere Äste von den Bäumen und Büschen abreißen, und dann stehen die ersten auch schon neben unserem Zelt, nur noch eine Rüssellänge von uns entfernt.

Ehe wir uns versehen, sind wir eingekreist von Elefanten. Noch nie zuvor hatte ich vergleichbare Angst um unser Leben. Ich kann nicht beschreiben, wie klein und hilflos wir uns angesichts der massigen Leiber fühlen, deren Schatten wir in nur wenigen Schritten Entfernung wahrnehmen können. Wir wissen zwar, dass Elefanten Zelte umgehen, aber was ist, wenn sie einen großen Ast vom Nachbarbaum herunterreißen, oder sich erschrecken und in Panik geraten, weil sie Löwen wittern? In solchen Fällen rasten die Tiere nicht selten aus. Trompetend stürmen sie dann davon und machen alles platt, was sich ihnen in den Weg stellt. Wir können nichts tun, nur regungslos daliegen, uns an den Händen halten und auf ein glückliches Ende hoffen. Wir hören das tiefe Grummeln der Tiere, deren Kaugeräusche und das Rumoren ihrer Mägen genau neben uns. Die Sekunden werden zu Stunden. Immer neue Tiere kommen hinzu, andere ziehen weiter. Ein Ende der Belagerung ist nicht abzusehen.

Nach einigen Stunden, in denen wir Todesangst hatten, kommen uns ausgerechnet Löwen zu Hilfe. Von weit her hören wir ihr Brüllen, und die Elefanten hören es natürlich auch. Nun haben sie es eilig. Zum Glück bleibt unser Zelt dabei unberührt. Wir haben die bisher schlimmste Nacht in Afrika heil überstanden. Doch wozu eine in Panik geratene Elefantenherde fähig ist, sollten wir einige Tage später in der Serengeti erleben. Hier schlagen wir unser zweites Camp auf.

Wie immer sind wir bereits mit Sonnenaufgang unterwegs, an diesem Morgen in einem Gebiet mit lichtem Baumbewuchs. Meine Kamera zeigt 7:07 Uhr an, als wir in der Ferne das Trompeten von Elefanten hören. Elefanten trompeten nicht aus Lust und Laune, sondern nur, wenn sie Stress haben. Der Lärm kommt schnell näher und wird immer lauter. Es muss sich also um eine größere Herde handeln, die – sehr wahrscheinlich in Panik geraten – auf uns zurast. In solchen Situationen sind Elefanten unberechenbar. Es gibt dann nichts, was sie aufhalten kann. Der Fahrer stoppt das Auto ohne den Motor abzuschalten. Jetzt muss er den Tieren, je nach Laufrichtung, geschickt ausweichen können. Und schon sind die ersten Elefanten in Sichtweite, vielleicht noch einhundert Meter entfernt, vorneweg eine Kuh mit Jungtier. Als uns die vermeindliche Leitkuh erblickt, ändern sie und ihr Gefolge sofort die Richtung, um uns wütend anzutrompeten. Immer mehr Tiere, insgesamt weit über einhundert, kommen uns entgegengestürmt. Sofort gibt unser Fahrer Vollgas und fährt einen Bogen, um die Gruppe im Abstand von etwa 50 Metern parallel an uns vorbeilaufen zu lassen. Unvorstellbar ist der Lärm einer panisch trompetenden Elefantenherde. Alles, was den Tieren an kleinen Bäumen und Büschen im Weg ist, wird niedergetrampelt oder herausgerissen. Unser Auto wäre für sie auch nur ein Spielzeug, wenn wir zwischen ihre Fronten geraten würden. Immer wieder kommen Tiere auch auf uns zugerannt.

Die Serengeti ist in weiten Teilen flach und eben. Somit ist es kein Problem, den angreifenden Tieren immer wieder auszuweichen. Natürlich ist es auch wieder ein großartiges Erlebnis, das ich in seiner ganzen Länge von elf Minuten filmen kann, wenn auch mit etwas unruhiger Hand. Um 7:18 Uhr ist der Spuk plötzlich vorbei. Die Tiere beruhigen sich und beginnen, friedlich an Bäumen und Büschen zu fressen. Was die Ursache für die Aufregung war, wissen wir nicht. Vermutlich sind es Löwen gewesen, die es vielleicht auf eines der Jungtiere abgesehen hatten.

Kurze Zeit später sehen wir in einiger Entfernung eine Büffelherde äsen, der wir uns bis auf etwa 200 Meter nähern. Der Fahrer stoppt und stellt den Motor ab, sodass wir die Tiere in Ruhe beobachten und filmen können. Diese blicken in unsere Richtung und kommen langsam näher – vorn in breiter Front die dominanten Bullen, die uns im Morgenlicht wunderbare Fotomotive bieten. Irgendwann bleiben sie sicher in gebührendem Abstand stehen, denken wir uns. Genau das tun sie aber nicht. Langsam, aber unaufhaltsam, kommen sie immer näher. Für uns ist es Zeit zu verschwinden. Doch der Motor springt nicht an, und auch das hektische Werkeln an der Batterie bringt nichts. Langsam werden die Bullen an vorderster Front ungemütlich, schnauben und beginnen mit den Hörnern im Boden zu wühlen – ein eindringliches Zeichen für uns, das Weite zu suchen. Glücklicherweise springt der Motor dann doch noch an, sodass wir gerade rechtzeitig verschwinden können. Ohne noch einmal anzuhalten, fahren wir zurück zum Camp und sind froh, zwei kitzlige Situationen gemeistert zu haben. Natürlich überlegen wir auch, was geschehen wäre, wenn der Motor kurze Zeit vorher, bei den Elefanten, den Geist aufgegeben hätte. Am Camp angekommen, lässt uns der Fahrer aussteigen, ohne den Motor abzustellen. Er möchte zur Werkstatt der Zoologischen Gesellschaft Frankfurt fahren, die mitten in der Serengeti stationiert ist, um das Auto reparieren zu lassen. Abends sei er zurück, versichert er uns. Doch daraus wird nichts. Und auch am nächsten Tag kommt er nicht wieder. Wir sitzen fest und wissen nicht, wie unsere Safari weitergehen soll. Den ganzen Tag verbringen wir mit ungewöhnlicher Beschäftigung. Wir fotografieren die Blumen rings um unser Zelt und beobachten die Pillendreher, große Mistkäfer, wie sie die Kothaufen der Büffel zerlegen und rückwärts mit ihren Hinterbeinen in ihre Bruthöhlen kugeln. Erst am übernächsten Tag können wir unsere Safari fortsetzen. Überraschenderweise bekommen wir einen anderen Fahrer, der ein Ersatzauto mitbringt. Nach drei Tagen kommt unser Fahrer mit dem alten Auto zurück. Der Anlasser hatte seine Arbeit eingestellt und musste gewechselt werden – ein für Afrika fast unlösbares Problem.

Lebensweise der Löwen

Löwen sind die einzige in Rudeln lebende Katzenart. In einem Rudel leben alle miteinander verwandten weiblichen Tiere mit ihren Nachkommen. Geführt werden sie von ein bis zwei blutfremden, dominanten Männchen. Mit Eintritt der Geschlechtsreife, etwa im Alter von drei Jahren, werden die Männchen aus dem Rudel vertrieben. Fortan streifen sie allein oder zusammen mit anderen Nomaden durch die Wildnis, immer mit dem Ziel vor Augen, irgendwann selbst ein Rudel übernehmen zu können. Dazu müssen sie andere Rudelführer besiegen. Derartige Revierkämpfe werden mit äußerster Brutalität geführt. Ein Rudelchef kann selten länger als vier Jahre sein Revier verteidigen, irgendwann wird er von jüngeren, kräftigeren Männchen vertrieben. Nicht selten enden solche Kämpfe mit dem Tod des alten Chefs, zumindest aber mit schweren Verletzungen, die ihn zum Verlassen seines Rudels zwingen. Für den Rest sorgen dann zumeist die Hyänen, die nur darauf warten, wehrlose Löwen töten und fressen zu können. Die neuen Revierinhaber töten dann zumeist alle Babys, ohne dass sich die schwächeren Mütter dagegen wehren können. Danach werden die Löwinnen aber schnell wieder paarungsbereit, sodass die neuen Männchen die Väter der künftigen Löwengeneration werden.

Die Jagd ist bei den Löwen Frauensache. Sie sind schneller und geschickter als die massigen Männchen. Gejagt werden Warzenschweine, Antilopen, Gnus und Zebras. Es gibt aber auch größere und erfahrene Rudel, die Giraffen, junge und schwache Elefanten sowie Kaffernbüffel jagen. Normalerweise sind die Büffel den Löwen überlegen, weil sie selbst äußerst wehrhaft und aggressiv sind. Die Herde wird von den stärksten Bullen verteidigt, die sich in vorderer Linie nebeneinander aufbauen und so ein unüberwindbares Hindernis darstellen. Einzige Chance für die Löwen ist nun, die Herde zur Flucht zu bewegen. Dabei gibt es immer wieder Tiere, die den Anschluss verlieren und dann von den Löwen gerissen werden können. Aber auch bei solchen Kämpfen ist der Ausgang durchaus ungewiss. Nicht selten wird ein Löwe von den Hörnern des Büffels erwischt, durch die Luft geschleudert und zertrampelt. Nur mit Hilfe der starken Männchen gelingt es Löwenrudeln, die Beute nach langem Kampf so zu schwächen, dass sie einknickt und dann mit einem Biss in Kehle oder Maul erstickt werden kann.

Beim Fressen ist es dann mit dem freundlichen Sozialverhalten der Löwen vorbei. Jetzt geht es strikt nach Hierarchie. Zuerst fressen sich die Männchen satt, dann kommen die Weibchen, ebenfalls nach Rangfolge. Zuletzt fressen die Jungen, wenn der Riss groß genug ist. In Hungerzeiten gehen die Jungtiere leer aus. Säugende Mütter, die nicht satt werden und deshalb nicht genügend Milch haben, verlieren oft ihre Babys. So ist die Sterblichkeit der Jungen sehr hoch. Große Beute, wie ein Büffel, ist dagegen ein Festmahl für das gesamte Rudel. Aber selbst ein so riesiger Fleischberg wird meist in einer Nacht aufgefressen.

Es ist unglaublich, wie schnell die „Müllmänner" der afrikanischen Wildnis an einem Löwenriss auftauchen – den Geiern mit ihren scharfen Augen entgeht nichts. Meist schon vor und erst Recht während der Jagd beobachten sie kreisend die Szenerie, um dann in die umliegenden

Bäume und Büsche einzufallen und mit unendlicher Geduld darauf zu warten, dass die Löwen satt sind und den Riss aufgeben.

Auch bei den Aasfressern bestimmen die Kräfteverhältnisse die Reihenfolge beim Fressen. Hyänen orientieren sich, ebenso wie wir es bei unseren Safaris tun, an kreisenden Geiern und wissen, dass dort etwas zu holen ist. Wie aus dem Nichts tauchen sie auf und rufen heulend die restlichen Rudelmitglieder herbei. Penetrant rücken sie dann den Löwen beim Fressen auf die Pelle. Je mehr Hyänen es sind, desto größer ist ihre Chance, die Löwen vom Riss zu vertreiben. Die letzten Reste bleiben dann noch für Geier und Marabus – wenn überhaupt noch etwas übrig bleibt, denn Hyänen fressen alles, auch Knochen und Fell.

In Sambia wurde uns das einmal eindrucksvoll bewiesen. Eines nachmittags haben wir dort einen sterbenden Büffel gefunden, an dem sich schon eine Hyäne zu schaffen machte. Leider konnten wir das weitere Geschehen am Riss nicht beobachten, da der nächtliche Aufenthalt im Busch in diesem Park verboten war. So konnten wir erst am nächsten Morgen an diese Stelle zurückkehren. Zuerst trauten wir unseren Augen nicht: Vom Büffel waren nur noch die Hörner und einige Knochen übrig, an denen sich ein paar Geier und ein Marabu zu schaffen machten.

Auch Kämpfe zwischen Büffeln und Löwen können wir in Tansania mehrfach beobachten. Es ist früh am Morgen, als wir im Ngorongorokrater eine Büffelherde bemerken, die sich ungewöhnlich verhält. Anstatt entspannt zu äsen, starren die Tiere gebannt in eine Richtung. Es können nur Löwen sein, die sie da im Auge haben. Im Schritttempo nähern wir uns der Herde. Zwei Löwinnen haben sich den Büffeln, frei sichtbar, bis auf etwa einhundert Meter genähert. Mit dem Fernglas können wir dann erkennen, dass sich eine weitere Löwin von rechts, tief auf den Boden geduckt, schon bis auf kurze Entfernung angeschlichen hat. Und dann noch eine Überraschung: Nur wenige Meter vor uns entdecken wir zwei Jungtiere. Kleine wie große Löwen haben anscheinend lange nicht gefressen, sie sehen mager aus. Das ist wohl auch der einzige Grund dafür, dass drei Löwen versuchen, sich mit einer Herde hornbewehrter Kraftpakete anzulegen – ein von vornherein aussichtsloses Unterfangen. Noch ehe die anschleichende Löwin zum Angriff ansetzen kann, wird sie von den Büffeln entdeckt. Diese gehen sofort zum Gegenangriff über. Einige Bullen attackieren die Löwin, der Rest der Herde greift die anderen beiden Löwen an. Die Raubtiere haben keine

Chance. Sie laufen um ihr Leben und suchen Schutz unter einem großen Busch. Doch die Büffel lassen nicht locker. Sie bearbeiten das Geäst mit ihren Hörnern, um die Löwen herauszutreiben. Allerdings haben die Büffel den Busch nicht komplett umzingelt, sodass die Raubtiere an einer freien Stelle herausstürzen können. Zielgerichtet stürmen sie auf uns zu. So unglaublich es klingt: Die drei erwachsenen Löwen suchen nun Schutz an unserem Auto. Auch die Jungen, die bisher reglos im Gras lagen, miauen und sind sichtlich froh, ihre Mutter wiederzusehen. Die Büffel geben ihre Verfolgung auf und ziehen in eine andere Richtung davon.

Eine ähnliche Situation erlebten wir schon in Botswana. Conny, unser Fahrer, hatte im hohen Gras Löwen auf der Jagd entdeckt. Was sie dabei im Auge hatten, konnten wir im dichten Buschland nicht sehen. Es waren sechs Weibchen und der Rudelführer. Löwenmännchen beteiligen sich zumeist nur an der Jagd auf Büffel, so war es auch hier. Plötzlich brachen einige Büffelbullen aus dem Busch hervor und griffen die Löwen an, die davon springen mussten. Eine Löwin suchte sofort Schutz neben unserem Auto. Ihre rechte Gesichtshälfte war entstellt, auf dem rechten Auge war sie blind. Mit Sicherheit hatte sie schon einmal Bekanntschaft mit den Hörnern eines Büffels gemacht. Das Männchen versuchte noch mehrfach die Büffel zu attackieren. Diese wiederum verloren aber nicht ihre Nerven und beantworteten jeden Angriff mit wütender Gegenwehr. Schließlich gaben die Löwen auf, alle sieben legten sich in der Nähe unseres Autos zur Ruhe.

Aber auch Büffel können im Kampf gegen ihre Todfeinde die Verlierer sein. Im Selous-Reservat in Tansania, dem größten Wildschutzgebiet Afrikas, liefen uns auf einer Lichtung zwei Löwinnen geradezu ins Auto. Sie hatten schwer zu tragen: ein Büffelkalb, das sie gerade gerissen hatten. Um in Ruhe fressen zu können, wollten sie den Kadaver in einen Busch hinter unserem Auto schleppen. Erst schien es so, als wollten sie uns ihren Riss übergeben, denn erst zwei Meter vor unserem Auto drehten sie ab und verschwanden im Busch. Mit Sicherheit wird die Büffelherde, die gerade eines ihrer Kälber verloren hatte, allen Löwen spätestens ab jetzt mit voller Aggressivität begegnen.

Löwen haben auch noch andere Todfeinde: die Hyänen. Beide Raubtierarten leben im gleichen Lebensraum und sind Nahrungskonkurrenten, die sich durchaus auf Augenhöhe begegnen. Zwar sind Löwen stärker als Hyänen, aber diese sind zumeist in der Überzahl. Und da auch Hyänen aggressive und kraftvolle Kämpfer sind, können sie den Löwen durchaus gefährlich werden. Beide nutzen jede Gelegenheit, um sich gegenseitig zu bekämpfen. Hyänen töten und fressen Löwenbabys, die sie finden, wenn die Mutter gerade auf Jagd ist. Bei einem Löwenriss rücken die Hyänen meist mit dem kompletten Clan an und attackieren die Löwen aufdringlich und frech solange, bis diese ihren Riss aufgeben. Nicht selten muss dafür die eine oder andere Hyäne mit ihrem Leben büßen. Besonders die Löwenmänner greifen sich gern mal einen der Feinde, um sie zu töten und dann achtlos den Hyänen zu überlassen, die selbst ihre toten Artgenossen auffressen. Leider hatten wir noch nie das Glück, einen Kampf zwischen Löwen und Hyänen zu beobachten.

Das Sexualverhalten der Löwen ist einzigartig und nahezu unglaublich. Wir haben es oft genug beobachten können. Löwinnen, die keinen Nachwuchs haben, sind ganzjährig paarungsbereit. Sie bestimmen den Zeitpunkt und paaren sich ausschließlich mit dem dominanten Männchen. Problematisch wird es, wenn zwei gleichstarke Männchen das Rudel führen. Wer das rollige Weibchen beglücken darf, müssen sie kämpfend ausfechten, wobei es durchaus hart zur Sache geht. Obwohl sie ansonsten sehr harmonisch zusammenleben, hört bei der Paarung die Freundschaft auf. Das siegreiche Männchen erwartet dann eine anstrengende Woche.

Das Paar zieht sich vom Rudel zurück, um für Nachwuchs zu sorgen. Sie paaren sich alle 20 Minuten, rund um die Uhr, etwa eine Woche lang. Mit leichtem Schmunzeln haben wir in Botswana einmal ein Löwenpaar stundenlang beobachtet. Das Rudel wurde von zwei Männchen geführt, und ausgerechnet das siegreiche Männchen hat für die Paarungswoche einen recht hohen Preis zahlen müssen. Es hat sich im Kampf mit seinem Nebenbuhler eine ziemlich schwere Verletzung zugezogen. Seine rechte Pranke wurde gebissen, sodass sich der arme Kerl laufend das Blut ablecken musste. Auftreten konnte er auch nicht. Doch das Weibchen konnte darauf keine Rücksicht nehmen, alle 20 Minuten verlangte sie ihr Recht.

Der Akt ist immer gleich: Sie geht zu ihm, umgarnt ihn kriechend und kopfreibend und fordert ihn damit auf. Das Männchen steigt auf, beißt das Weibchen in den Nacken und begattet sie. Der Akt dauert etwa

30 Sekunden, dann fauchen sich beide an, er steigt ab und sie wirft sich auf den Rücken. Er fällt erschöpft auf die Seite, um sich auszuruhen – für 20 Minuten, dann ist sie wieder ran. Unser Männchen hatte es besonders schwer mit seiner lädierten Pranke. Die Paarung auf drei Beinen fiel im sichtlich schwer, da er sich mit der kranke Pfote nicht abstützen konnte. Trotzdem gab er sein Bestes, um tapfer seine Mannespflichten zu erfüllen. Die Wahrscheinlichkeit, dass nach etwa vier Monaten eine neue Löwengeneration geboren wird, ist nach dieser für die Männchen so anstrengenden Woche sehr hoch.

Leben und Sterben in der Wildnis

Leben und Tod haben in Afrika eine andere Dimension als in Deutschland. Die Frauen bekommen viele Kinder, ihre Rechnung ist dabei ganz einfach: Je mehr Kinder, desto größer ist die Chance, dass sich eines von ihnen hoch arbeiten und die Familie versorgen kann. Die Säuglingssterblichkeit ist sehr hoch und die Lebenserwartung viel niedriger als bei uns zu Hause. Auch der Tod eines Menschen ist in Afrika ein eher allgegenwärtiges Geschehnis, das keiner besonderen Aufmerksamkeit bedarf – so ist zumindest unser Eindruck nach zwei traurigen Ereignissen, die wir miterlebten.

Wir sind unterwegs auf einer öffentlichen Hauptstraße, einer einfachen Schotterpiste, in den Manyara-Nationalpark, als wir einen leblosen Mann finden, der mit dem Gesicht nach unten mitten auf der Straße liegt. Zu unserem Entsetzen wollen unsere afrikanischen Begleiter einfach weiterfahren. Erst nach unserem energischen Protest stoppen sie das Auto. Aber anstatt den Mann anzusprechen oder Hilfe zu holen, belassen sie es dabei, einige große Steine um seinen Körper zu legen und ihn somit vor dem Überfahren durch andere Autos zu schützen. Dann fahren wir weiter.

Auf der gleichen Safari mitten in der Serengeti fahren wir am späten Nachmittag auf der Hauptstraße in Richtung Norden zur Lobo Lodge. Unterwegs kommen wir an einem Ort vorbei, an dem sich kurz zuvor ein Unfall ereignet hatte. Ein Kleintransporter mit abgefahrenen Reifen und in desolatem Zustand hat sich wohl überschlagen und liegt am Fahrbahnrand mit den Rädern, die sich noch drehen, nach oben.

Der Fahrer sitzt neben dem kaputten Transporter. Er hat Sickerblutungen und Glassplitter an Kopf und Armen, offenbar ist er durch die Windschutzscheibe geflogen. Er steht unter Schock und ist nicht ansprechbar. Dieses Mal fragen uns unsere beiden Begleiter, ob wir anhalten oder weiterfahren möchten. Schon die Frage ist für uns unglaublich. Mit aller Deutlichkeit geben wir ihnen zu verstehen, dass wir solange hier stehenbleiben werden, bis ärztliche Hilfe eingetroffen ist, die sie bitte sofort anfordern sollen. Wir waschen dem Fahrer mit unserem Wasser das Blut ab und geben ihm zu trinken. Nach über einer Stunde kommt dann ein Auto, aus dem zwei Kollegen des schwer verletzten Fahrers steigen. Ein Arzt ist nicht dabei. Die beiden „Helfer" zeigen nur Interesse für das Schrottauto, den blutenden Mann lassen sie links liegen. Schließlich laden sie ihn auf ihren Pickup und verschwinden ohne ein weiteres Wort. Wir sind dennoch sehr erleichtert, dass wir gerade zur rechten Zeit am rechten Ort waren. Ohne Hilfe hätte dieser hilflose Mensch die Nacht mitten in der Wildnis wahrscheinlich nicht überlebt.

Allerdings gibt es auch Touristen, die sich selbst in Gefahr bringen, zumeist aus Leichtsinn und Unwissenheit. Wir würden, trotz unserer Erfahrungen, niemals ohne einheimische Führer in die Wildnis gehen. Zu schnell kann man in den unendlichen Weiten in Situationen geraten, die man nicht mehr beherrschen kann oder aus denen es keinen Ausweg gibt.

Als wir in Botswana einmal mit unserem Fahrer Conny im Sumpfgebiet der Okawangoregion unterwegs waren, trafen wir auf ein paar leichtsinnige Touristen. Es war gegen Mittag und die Sonne brannte unbarmherzig, wie immer um diese Tageszeit. Wir waren auf dem Rückweg zum Camp, als wir auf europäische Touristen trafen, die in einem Sumpfloch steckengeblieben waren. Die linke Autoseite war bis zum Unterboden im Schlamm versunken. Ihre verzweifelten Versuche, das Auto mit dem Wagenheber anzuheben, scheiterten. In ein Schlammloch zu fahren, ist ein verhängnisvoller Fehler, den man sich in Afrika nicht erlauben darf. Conny umfuhr jedes Schlammloch. Flüsse und Überschwemmungsgebiete durchquerte er erst, nachdem er selbst das Wasser durchwatet und nach einem festen Durchfahrtsweg gesucht hatte. Zum Glück war es für ihn ebenso selbstverständlich zu helfen wie für uns. Die einzige Möglichkeit, die Leute aus ihrer ausweglosen Situation zu befreien, war deren Auto mit dem Abschleppseil aus dem Schlamm zu ziehen.

Connys Seil war lang genug, sodass er mit seinem Auto auf festem Boden stehen und anfahren konnte. Aber das versunkene Auto bewegte sich keinen Millimeter. Ratlosigkeit machte sich breit. Unser Trinkwasser war aufgebraucht, das der anderen Touristen ebenfalls. Jetzt musste es also schnell gehen. Die einzige denkbare Möglichkeit für uns war nun, den Jeep rückwärts aus dem Schlamm zu ziehen – und das klappte auf Anhieb. Ich frage mich, was ohne unsere Hilfe geschehen wäre.

Auf der gleichen Safari in Botswana hielt ein Jeep mit jungen Leuten aus Sachsen-Anhalt bei uns im Camp. Es war später Nachmittag und sie erkundigten sich nach dem Weg in die etwa 80 Kilometer entfernte Savuti-Region. Der junge Mann war am Ende seiner Kräfte, da er schon zwei Mal im Sand steckengeblieben war und das Auto ausgegraben hatte. Conny warnte die naiven, jungen Leute davor, in der Dunkelheit weiterzufahren. Zu groß seien die Gefahren bei Nacht in diesem Gelände. Er bot ihnen an, bei uns zu übernachten und am nächsten Morgen gemeinsam mit uns zu fahren, da auch wir nach Savuti wollten. Aber die gut gemeinten Ratschläge verpufften bei der jungen Frau. Es wird weiter gefahren, legte sie fest. Als wir am nächsten Tag nach etwa fünfstündiger Fahrt am Savuti Gate ankamen und uns nach den jungen Leuten erkundigten, erfuhren wir, dass sie nicht angekommen waren.

Dass Leben und Sterben im afrikanischen Busch nah beieinander liegen, wird uns immer wieder bewiesen. Wir sind in der Mittagszeit in der Massai-Mara unterwegs, als wir einen Gepard bemerken, der eine Herde Thomsongazellen im Visier hat und gerade zum Sprint ansetzt. Geparde sind, neben Wildhunden, die einzigen Raubtiere, die tagsüber jagen. Als sehr erfolgreiche Hetzjäger brauchen sie freie, übersichtliche Landschaften, wie die Ebenen der Massai-Mara.
Sie sind die schnellsten Raubtiere, auf kurzen Strecken sogar schneller als Antilopen. So können wir dem Gepard bei seiner Jagd leider nicht folgen. Als wir ihn wieder zu Gesicht bekommen, hat er schon eine junge Gazelle erwischt, die er unter den nächsten Busch trägt, um sie dort in Ruhe zu fressen. Geparde verlieren ihre Beute oftmals an Löwen oder Hyänen, denen sie kräftemäßig unterlegen sind. Vielleicht jagen sie auch deshalb gern zur Tageszeit, wenn ihre Fressfeinde ruhen. Dann bekommen auch wir Hunger, und so essen wir gemeinsam zu Mittag. Der Gepard seine Gazelle und wir unsere Hähnchen und unser Obst.

Am Nachmittag haben wir dann noch ein schönes Erlebnis. Doris bemerkt einen kleinen braunen Hügel, ähnlich einem Maulwurfhügel, der sich plötzlich bewegt. Es ist ein Lebewesen, eine neugeborene Thomsongazelle. Das winzige Etwas ist noch von der Eihülle umgeben und versucht gerade aufzustehen. Doch von der Mutter ist weit und breit nichts zu sehen. Junge Gazellen und Antilopen lernen innerhalb weniger Minuten, aufzustehen und zu laufen. Dabei kann die Mutter nicht helfen. Würde sie bei ihrem Baby stehenbleiben, würden Raubtiere sicher leichter auf sie aufmerksam werden. Also hat sie sich wohl irgendwo im nahen Gebüsch versteckt.

So haben wir an diesem Tag beides gesehen. Eine Gazelle ist dem Geparden zum Opfer gefallen, eine andere wurde neu geboren. Das biologische Gleichgewicht funktioniert perfekt.

Zu Gast bei den Massai und den Hadzabe-Buschmenschen

Die Massai führen heutzutage ein Leben an der Schnittstelle zwischen Tradition und Moderne. Sie ziehen nur noch selten als Nomaden durch die Lande, sondern sind zumeist sesshaft geworden. Die Lebensweise dieses stolzen Kriegervolkes ist dennoch weitgehend traditionell. Die ganze Sippe wohnt gemeinsam im Dornenkral in Hütten, die aus geflochtenen Ästen gebaut und mit einem Gemisch aus Lehm und Kuhdung verschmiert werden. In den Hütten wohnen nicht nur Menschen, sondern auch neugeborene Ziegenlämmer und Kälber, zum Schutz vor Raubtieren. Das wärmt nicht nur, sondern verfeinert auch noch den ohnehin exotischen Geruch in ihren Hütten.

Ihr Vermögen definieren die Massai über ihre Tiere, die Kühe und Ziegen. Sie ernähren sich überwiegend von Milch und vom Blut ihrer Tiere, zu besonderen Anlässen wird auch mal eine Ziege gegessen. Wildtierfleisch essen sie nicht. Bei den Massai gibt es eine strikte Rollenverteilung. Arbeit ist Frauensache. Die Männer hüten ihre Herden und pflegen ihre Schönheit.

Wir haben die Möglichkeit, am Rande des Ngorongorokraters ein Massaidorf zu besichtigen, allerdings erst nach Zahlung des Eintrittspreises von 50 US-Dollar. Wie scharf die Massai auf unser Geld sind, merken wir, nachdem die Männer und Frauen für uns getanzt haben. Sie legen sich wahrhaftig ins Zeug, um uns ihren selbstgebastelten Schmuck zu verkaufen. Überrascht und erfreut sind wir, als wir im Dorf sogar eine kleine Schule entdecken. Auch sie ist, wie die Wohnhütten, aus Ästen und Kuhdung gebaut, nur etwas größer und mit diversen Luftlöchern. So können uns die Kleinen schon von Weitem sehen. Lauter kleine Händchen winken uns erwartungsvoll zu. Sehr beeindruckt sind wir davon, wie diszipliniert die Kinder auf ihren einfachen Bänken sitzen und uns Lieder über ihr Heimatland Tansania vorsingen. Dennoch sind wir froh, nach gut einer Stunde wieder in unserem Auto zu sitzen. Es ist gar nicht so einfach, höflich zu sein und sich dennoch den aufdringlichen Kaufangeboten zu entziehen.

Eine ganz andere Erfahrung ist für uns der Besuch bei den Hadzabe-Buschmenschen. Wegen unserer Autopanne in der Serengeti, die uns fast zwei Tage unserer Safari kostete, bietet uns unser Safariunternehmer – quasi zur Wiedergutmachung – einen Tagesbesuch bei den Buschmenschen an. Ein gebürtiger Buschmann arbeitet bei unserem Safarianbieter. Nur so ist es möglich, einen Besuch bei seinem Stamm zu arrangieren. Noch heute leben die Hadzabe auf Steinzeitniveau als Jäger und Sammler. Fernab der Zivilisation ernähren sie sich ausschließlich von dem, was sie mit Pfeil und Bogen jagen und was die Natur ihnen bietet. Das Einzige, was sie brauchen, sind Metallspitzen für ihre Pfeile. Diese erwerben sie auf einem weit entfernten Markt im Tausch gegen Honig, den sie unter schmerzvollen Torturen den Wildbienen stehlen. Nach stundenlanger Fahrt durch unwegsames Gelände erreichen wir das Dorf der Hadzabe am späten Vormittag. Uns ist es immer wichtig, zu solchen Anlässen Gastgeschenke mitzubringen, die den Menschen nützen, also keine Produkte der modernen Zivilisationen. Doch erschrocken haben wir schon vorab gehört, dass die Buschmänner mit Vorliebe einen Tabak rauchen, der sie zu berauschen scheint. Also gaben wir unserem Kontaktmann Geld, um diesen Tabak kaufen zu lassen, den die Hadzabe tatsächlich mit Inbrunst rauchen – auch wenn wir damit nicht glücklich sind.

Für die Kinder haben wir Bananen und einige Süßigkeiten dabei, mit denen sie allerdings nichts anzufangen wissen. Den Müttern müssen wir erst einmal zeigen, dass man so etwas essen kann. Und dann dürfen wir ihre aus Ästen und Blättern gebauten Hütten besichtigen, was für mich eine leichte Strapaze ist. Die Hadzabe sind etwa 1,50 Meter groß und entsprechend klein sind ihre Hütten mit einem Eingangsloch, in das ich buchstäblich hineinkriechen muss. Innen erwartet uns dann eine leckere Überraschung: das Mittagessen des Buschmanns. Es ist der Rest eines Affen, den er tags zuvor geschossen und im Feuer geröstet hatte. Außen ist er verkohlt, innen noch roh. Genussvoll nagt der Buschmann wie ein Raubtier an den Knochen, um dann das letzte Gerippe wieder unter dem Dach seiner winzigen Hütte aufzuhängen. Wir sind froh, dass er uns nichts von seinem Festmahl anbietet.

Dann steht der Höhepunkt des Tages an: eine Jagd mit den Buschmenschen. Jagdführer ist der Chef des Clans, etwa 40 Jahre alt, und auch sein Sohn, vielleicht 20 Jahre alt, ist mit dabei. Die Jagdvorbereitung ist bei den Hadzabe ein Ritual. Die Waffen werden akribisch vorbereitet. Der 1,50 Meter breite Bogen wird neu gespannt und jeder einzelne Pfeil nachgebogen, um die zielgenaue Flugbahn zu sichern. Es werden, je nach Beutetier unterschiedliche Pfeile verwendet. Für die Jagd auf Federwild und Affen genügen schnurgerade, einen Meter lange Hartholzstäbe, die vorn angespitzt und am Ende mit Federn versehen sind, zur Stabilisierung der Fluglinie. Die Pfeile für die Großwildjagd sind kürzer und vorn mit einer Metallspitze versehen. Diese Spitze bestreichen die Jäger mit Gift, welches sie aus den weichen Fasern von Bäumen gewinnen. Dabei wird der Baumstamm geöffnet, das weiche Mark entnommen und einige Tage in Wasser eingeweicht. Diese Maische wird dann über Feuer solange eingekocht, bis sie zähflüssig und dann für jedes Lebewesen tödlich ist.

Die Buschmenschen haben extrem scharfe Sinne und sind exzellente Spurenleser. Wenn sie auf Großwildjagd gehen, sind sie oft tagelang im Busch unterwegs. Sie verfolgen ihre Beutetiere anhand der Spuren und müssen sich für einen sicheren Schuss bis auf etwa 20 Meter anpirschen. Das getroffene Tier flüchtet, und die Hadzabe folgen seinen Spuren ohne jede Hast. Irgendwann wirkt das Gift und das Tier bricht zusammen. Je nach Körpergröße und Trefferstelle setzt die Wirkung des Giftes erst nach Stunden oder Tagen ein.

Die Habzabe haben eine unglaubliche Kondition. Sie können große Strecken in gleichmäßigem Tempo laufen oder gehen. Das angeschossene Tier kann ihnen nicht entgehen, irgendwann holen sie ihre Beute immer ein. Ein großes Tier zerlegen sie an Ort und Stelle. Die Innereien verzehren sie sofort, die Einzelteile tragen sie ins Dorf zurück, wo sie immer sehnsüchtig erwartet werden. Eine große Beute bedeutet ein Festmahl für die ganze Sippe, denn die Hadzabe teilen alles. Sie haben die Gabe, auf Vorrat essen zu können. Aufheben können sie ohnehin nichts, da das Fleisch in der Hitze innerhalb weniger Stunden verwesen würde. Deshalb essen sie alles auf, manchmal die ganze Nacht hindurch. Schließlich kann es lange dauern, bis es wieder einmal ausreichend zu essen gibt. Es ist Mittagszeit, als wir zur Jagd aufbrechen. Um sich körperlich noch etwas zu puschen, rauchen Jagdführer und Sohn noch eine Zigarette mit Dopingkraut. Im Gänsemarsch geht es dann bei Temperaturen weit über 30 Grad in den Busch, vorneweg der Chef mit Pfeilen und Bogen, dahinter sein Sohn, dann wir und am Ende unser Fahrer. Begleitet werden wir von zwei Hunden, die nur aus Haut und Knochen bestehen. Schwitzend quälen wir uns unter der gleißenden Sonne vorwärts. Doch den Buschmenschen macht die Hitze nichts aus. Nach etwa 30 Minuten gibt der Anführer das Signal zum Halten. Alle anderen sollen warten, nur er allein möchte weiterlaufen. Ratlos bleiben wir stehen, während der Buschmann in geduckter Haltung einen kleinen Bogen geht, um sich entgegen des leichten Windes anzupirschen. Er hat eine Herde Impalas entdeckt. Auch wir sehen die Tiere kurz durch die Büsche huschen. Nun heißt es für uns abwarten und schwitzen, eine weitere halbe Stunde lang. Wir sind froh, als unser Buschmann zurückkehrt, wenn auch ohne Beute. Die Antilopen haben ihn zu früh bemerkt und sind ihm entwischt. Auf diese Pleite müssen Vater und Sohn erst einmal rauchen. Nun lernen wir, wie die Buschmänner Feuer entzünden. Dazu verwenden sie einen Hartholzstab, der auf weichem Holz wie ein Quirl zwischen den Handflächen gedreht wird. Nicht einmal eine Minute dauert es, bis das Weichholz anfängt zu qualmen. Nach einigem Pusten bildet sich Glut, an der die Zigaretten angezündet werden. Die Buschmänner inhalieren den Rauch, wobei ihnen die Augen tränen. Uns wird schon beim Zusehen übel.

Jetzt soll Doris Feuer machen. Das gelingt ihr allerdings erst, als der Buschmann beim Quirlen hilft. Zur Anerkennung schenken ihr die Männer trotzdem ihre Feuerwerkzeuge und auch noch ihre aus Strohhalmen gefädelten Ketten.

Auf dem Rückweg zum Dorf stoppt der Buschmann noch einmal an einem großen Busch. Hier legt er mit den Händen die Wurzeln frei und reißt sie heraus, um darauf zu kauen. Dann will er uns wohl erklären, was es mit diesem Busch auf sich hat. Zunächst zeigt er nur darauf und sagt so etwas, wie „Pangalater". Dummerweise wiederhole ich dieses Wort, spreche es aber falsch aus, was ihn ein wenig ärgert. Noch einmal sagt er langsam und deutlich „Pangalater". Dieses Mal bemühe ich mich, das Wort richtig auszusprechen. Der Buschmann nickt zustimmend und scheint zufrieden. Es ist ein merkwürdiges Gefühl, den Buschmenschen zuzuhören und nichts zu verstehen.

Zurück im Dorf wird mir noch eine besondere Ehre zuteil. Ich darf mit den Buschmännern das Bogenschießen trainieren. Geschossen wird auf die Knochen eines Elefantenschädels in etwa 20 Metern Entfernung. Obwohl ich nie zuvor mit einem Bogen geschossen habe, treffe ich sehr genau und bin überrascht, wie gut und sicher man mit Pfeil und Bogen schießen kann. Die Buschmänner klatschen begeistert Beifall und schenken mir spontan eine ihrer Waffen. Natürlich freue ich mich riesig darüber, bin aber auch beschämt ob ihrer Großzügigkeit. Das kann ich so nicht annehmen. Weil ich den ganzen Tag bemerkt habe, wie der Sohn des Chefs auf mein Basecap schielte, schenke ich es ihm. Und über den Verbindungsmann lassen wir den Buschmenschen im Nachhinein noch weitere Geschenke zukommen.

Der Besuch in diesem Dorf ist für uns ein unvergessliches Erlebnis gewesen. Die Hadzabe, die uns offen und freundlich begegnet sind, verlassen wir in der Hoffnung, dass sie auch zukünftig ihr eigenes, zufriedenes Leben im Einklang mit der Natur führen dürfen. Bisher widersetzen sie sich noch erfolgreich allen Bemühungen der Regierung Tansanias, sie zu zivilisieren.

Die Massai-Mara und die Wanderung der Gnus

Die Serengeti in Tansania ist das wohl bekannteste Wildschutzgebiet Afrikas. Dazu gehört auch deren kleiner nördlicher Ausläufer, die Massai-Mara in Kenia. Beide Schutzgebiete sind durch den Mara-River voneinander getrennt, der auch die Landesgrenze zwischen Tansania und Kenia bildet. Eigentlich wollten wir nie nach Kenia, da wir den dortigen Massentourismus nicht mögen. Die Massai-Mara ist mit 1.500 Quadratkilometern, etwa einem Zehntel der Serengeti, vergleichsweise klein. Aber gerade deshalb sind Tierbeobachtungen hier besonders einfach. Es gibt die gleiche Artenvielfalt wie in der Serengeti, aber auf engstem Raum. Und es gibt ein in der Welt einzigartiges Naturschauspiel: die große Wanderung der Gnus.

In der Serengeti leben etwa 1,2 Million Gnus, 200.000 Zebras und unzählige Antilopen und Gazellen, die Unmengen an Gras als Nahrung benötigen. Deshalb sind die Huftiere ganzjährig auf Wanderschaft, immer dem Regen und dem frischen Grün hinterher. Die Wanderung, auch Migration genannt, erstreckt sich über rund 3.000 Kilometer im Uhrzeigersinn durch die Serengeti in die Massai-Mara und wieder zurück. Sie dauert zwölf Monate und beginnt dann wieder von vorn. Neun Monate lang halten sich die Gnus in der Serengeti auf und bringen in der südlichen Region im Februar auch ihre Jungen zur Welt. Innerhalb weniger Tage werden hunderttausende Gnukälber geboren. Diese Massengeburt sichert den Gnus das Überleben der meisten Kälber, da die Raubtiere nur einen kleinen Teil der Neugeborenen fressen können. Und schon nach wenigen Stunden sind die Kälber in der Lage, der Herde zu folgen.

Nach einigen Wochen Pause wandern die Gnus weiter nördlich, in Richtung Massai-Mara, wo sie sich etwa drei Monate lang aufhalten, um ab September in die Serengeti zurückzuwandern. Dabei müssen sie jedes Mal ein gewaltiges Hindernis überwinden, das immer wieder vielen Tieren das Leben kostet: Sie müssen den Mara-River passieren, der ganzjährig Wasser führt und wegen der vielen Stromschnellen schwer zu überqueren ist. Die hohen Steilufer erschweren den Übergang von einer Seite zur anderen zusätzlich. Trotzdem zwingt die Tiere ihr Instinkt, den Fluss zu passieren, um an das frische Grün am anderen Ufer zu gelangen. Hinzu kommt der Herdentrieb, der die Tiere vorwärts treibt, oftmals entgegen jeder Vernunft. Offenbar haben Gnus keinerlei Gespür für die landschaftlichen Gegebenheiten am Fluss. Wie kann es sonst sein, dass sie oftmals unüberwindbare Stellen für die Flussüberquerung wählen? Hunderte, manchmal tausende Tiere stehen am Steilufer und sehen dem Tod, der unter ihnen wartet, praktisch ins Auge.

Der Mara-River ist ein Schlaraffenland für Nilkrokodile, die mit bis zu fünf Metern Länge zu den größten Krokodilen der Welt gehören. Sie warten geduldig auf die Gnus, die irgendwann ins Wasser springen, um das gegenüberliegende Flussufer zu erreichen. Dann beginnt ein schauriges Szenario: das große Fressen am Mara-River. Und um das zu beobachten, haben wir uns entschlossen, nach Kenia zu reisen – wohl wissend, dass die Wahrscheinlichkeit, ein Mara-Crossing zu erleben, sehr gering ist. Aber wir haben schon so viel Außergewöhnliches in Afrika erlebt, warum sollte es nicht auch in Kenia klappen?

Und so buchen wir zwei gut ausgestattete Camps, jedes für eine Woche. Beide Camps gehören Europäern, eins Österreichern, das zweite Deutschen. Die Zelte sind geräumig, mit großen Betten, Dusche und Innentoilette. Gekocht wird nach deutschen Rezepturen, sehr exquisit und abwechslungsreich.

Diese Safari verläuft ganz anders als unsere sonstigen Abenteuerreisen, sie ist eher ein Erholungsurlaub in der Wildnis. In der Massai-Mara ist es verboten, zu Fuß oder nachts unterwegs zu sein. Wir wissen auch, dass die Flussüberquerungen niemals in der Dämmerung oder gar nachts geschehen, sondern stets im Laufe des Tages. So lassen wir uns morgens Zeit, essen erst in Ruhe Frühstück und starten die Pirschfahrten für Afrikaverhältnisse ungewöhnlich spät, meist erst nach 7 Uhr. Ganz egal, wann man in der Massai-Mara unterwegs ist: Tiere trifft man immer, denn zu groß ist die Populationsdichte in diesem Reservat. Nirgendwo in Afrika haben wir so viele Geparde, Löwen, Hyänen und selbst Nashörner gesehen wie hier. Doch auch unsere Befürchtungen bezüglich des Massentourismus bewahrheiten sich leider. Es geht in der Mara manchmal zu wie auf deutschen Autobahnen. Wenn irgendwo ein Fahrzeug steht, wissen alle anderen Fahrer, dass dort ein Raubtier zu sehen ist. Per Funk informieren sie sich gegenseitig, in Windeseile kommen dann aus allen Richtungen auch andere Fahrzeuge angerast. Die Gnuherden, die sich in Richtung Mara bewegen, werden von Touristenfahrzeugen regelrecht eskortiert. An den Crossingstellen geht es dann besonders chaotisch zu. Jeder Fahrer möchte für seine Touristen die beste Sicht haben, schließlich erwartet man ja auch ein gutes Trinkgeld. Mehr als 30 Autos zählen wir manchmal an einer Stelle, Blech an Blech, einfach furchtbar. Vom Camp aus haben wir eine etwa 30-minütige Anfahrt bis zu der Stelle, die von den Gnus bevorzugt für die Flussüberquerung genutzt wird. Wie die Tiere hier den Fluss passieren wollen, ist uns schleierhaft. Das Steilufer ist etwa drei Meter hoch. Unten, vor dem Fluss, ist noch ein breiter Kiesabschnitt, auf dem Krokodile liegen. Chef dieses Flussabschnittes ist ein gewaltiges, etwa fünf Meter langes Männchen, das genau unter uns, stets an gleicher Stelle, liegt und sich fast nie bewegt. Kein anderes Tier wagt es, sich ihm zu nähern, nur sein Weibchen duldet er in seiner Nähe. Seines Aussehens und seiner Dominanz wegen nennen wir ihn „King Crocodile". Und der King hat Zeit, unendlich viel Zeit. Natürlich sieht er die Gnus oben am Ufer stehen. Irgendwann wird eines der Tiere die Nerven verlieren und, durch die nachdrängenden Tiere geschoben, herunterspringen. Dann gibt es kein Halten mehr und die ganze Herde, hunderte Gnus, wird ins Wasser springen, um irgendwie ans andere Ufer zu gelangen. Das Ganze ist ein einziges Chaos, die Tiere springen übereinander, viele werden dabei tot getrampelt. Die Überquerung erfolgt keineswegs auf dem kürzesten und einfachsten Weg, sondern oftmals schräg oder kreisförmig, völlig chaotisch. Das Steilufer auf der anderen Seite ist für viele Tiere dann das nächste unüberwindbare Hindernis. Im Stress und in der Hektik steigen die Gnus übereinander und bilden so unfreiwillig eine lebende Leiter, bis eines der Tiere einen Weg aus dem Wasser findet. Die Krokodile haben bei diesem Durcheinander leichtes Spiel. Sie brauchen nur zuzufassen und können fressen, bis sie fast platzen. Ihre Gebissgeometrie erlaubt es den Krokodilen nicht, Fleisch abzubeißen. Sie verbeißen sich im Beutetier, drehen sich um die eigene Achse und reißen so Fleisch aus der Beute heraus, das sie im Ganzen verschlingen. Nach einer solchen Fressorgie können Krokodile wochenlang hungern, manchmal sogar Monate, bis die Gnus auf dem Rückweg den Mara wieder überqueren müssen.

Eines Tages kommen wir etwas verspätet, erst gegen 13 Uhr, am Ufer an – wie immer in der Hoffnung, eine Flussüberquerung der Gnus erleben zu können. Stattdessen erwartet uns eine ganz andere Szenerie: Genau an der Stelle, an der wir täglich stehen, haben zwei Löwinnen gerade ein Gnu gerissen. Das Gnu liegt schon auf der Seite, tritt aber noch mit den Beinen, während die beiden Löwinnen seinen Bauch aufreißen. Immer fressen die Raubtiere zuerst die weichen Innereien. Es könnten schließlich Nahrungskonkurrenten kommen und ihnen die Beute streitig machen. Nach einer halben Stunde gönnen sie sich eine kleine Pause an einem nahe gelegenen Busch, ohne dabei ihren Riss aus den Augen zu lassen. Mehrfach haben sie vergeblich versucht, das Gnu wegzuschleppen und zu verstecken, aber noch ist es zu schwer.

Wir lassen die beiden für eine Stunde allein, um uns in der näheren Umgebung umzuschauen. Dabei treffen wir auf zwei starke Löwenmännchen, die unter einem Baum schlafen, Hinterteil an Hinterteil. Die beiden lassen sich durch unsere Anwesenheit nicht stören und relaxen einfach weiter. Ich frage mich, ob diese beiden zu den Weibchen gehören, die sich in ihrer Nähe gerade ausgiebig gestärkt haben oder ob es herumstreunende Singles sind. Als wir zum Riss zurückkehren, sind die Löwinnen wieder beim Fressen. Gerade versucht eine von ihnen erneut, den noch immer zu schweren Kadaver in den Busch zu zerren, während die Andere den abgebissenen Schwanz versteckt – für schlechte Zeiten vermutlich.

Meine Videokamera zeigt 15.40 Uhr an, als die Löwinnen erschrocken innehalten und sich ängstlich vom Riss entfernen. Es kann nur ein noch stärkeres Tier sein, vor dem sie sich fürchten. Und dann betritt ein starkes Männchen mit dunkelbrauner Mähne die Bühne: ihr Rudelführer. Den Riss sieht er nicht sofort, zu raffiniert zeigen sich die Weibchen. Sofort nähert sich eines, umschleicht und liebkost ihn und signalisiert sogar Paarungsbereitschaft. Aber selbst Löwenmänner haben manchmal Probleme. Einige Versuche scheitern, bis es endlich klappt, nur wenige Schritte vor unserem Auto. Aber das reicht ihr nicht. In der nächsten Stunde lässt sie ihm keine Ruhe, immer wieder muss er ran. Vermutlich sind es die Geier, die das Szenario verraten. Denn nun bemerkt auch er den Kadaver – und schon ist Schluss mit der Liebelei. Mit Fauchen und ein paar Prankenhieben weist er die Weibchen zurecht, schnappt sich das halbe Gnu und trägt es mit Leichtigkeit in einen kleinen Busch, wo wir ihn noch etwa eine Stunde lang gut beobachten können. Die Weibchen versuchen mehrmals, sich dem Riss in unterwürfiger Haltung zu nähern, doch alle Anstrengung bleibt vergebens. Sie müssen zusehen, wie ihr Chef ihre eigene Beute auffrisst.

Die Wanderung der Gnus, die wir zwei Wochen verfolgen, ist schon ein faszinierendes Schauspiel. Niemand weiß, was sich in den Köpfen der Tiere bei ihrer sinnlos erscheinenden Lauferei abspielt. Täglich fahren wir zu der gleichen Stelle am Fluss und lassen uns dabei von den Gnus führen. Aus allen Richtungen kommen die Tiere in Gruppen angelaufen, um sich dann in Flussnähe zu vereinen. Im Höllentempo, als würden sie um ihr Leben laufen, rasen sie dann Richtung Mara. Kein Tier will anscheinend zu spät am Fluss sein und den Anschluss bei der Überquerung verpassen. Am Ufer stauen sie sich dann in unüberschaubarer Menge, Körper an Körper. Da stehen sie dann für einige Zeit wie angewurzelt, bis es einem der Tiere in den Sinn kommt, zurückzulaufen. Dann geht die wilde Lauferei in die andere Richtung los, zurück in die Weiten der Massai-Mara, nur um kurz darauf wieder zum Fluss zu laufen. An einem Tag haben wir dieses Szenario sechs Mal beobachtet. Eine Flussüberquerung war uns während unseres Aufenthalts in Kenia leider nicht vergönnt. Auch unsere Gastgeber in beiden Camps haben selbst in den vielen Jahren hier noch nie ein Mara-Crossing erlebt. Dennoch, langweilig wurde es uns in der Massai-Mara nie. Tiererlebnisse hatten wir ja genug.

Zum Abschluss noch eine kleine Episode: Ein Sprichwort sagt: „Es kann der Frommste nicht in Frieden leben, wenn es dem bösen Nachbarn nicht gefällt". Das gilt auch in der Wildnis. Wir entdeckten ein Löwenpaar in der Hochzeitswoche im Schatten eines Busches und eine Büffelherde, die sich dem Liebespaar äsend näherte. Es dauerte nicht lange, bis die Büffel die Löwen bei der Paarung bemerkt hatten. Sofort griffen sie an. Die Löwen konnten nichts anderes tun als davon zu laufen, verfolgt von den stärksten Büffelbullen und uns im Auto. Mehrmals stellte sich das Löwenmännchen den Büffeln mutig entgegen, brüllte sie an und startete vergebens einige Angriffe. Das machte die Gegner nur noch wütender und aggressiver. Um nicht unter den Hufen der Büffel zu sterben, gab das Männchen auf und lief seiner Partnerin hinterher, die längst, ohne sich einmal umzudrehen, verschwunden war.

Unser Zelt in der Serengeti

Doris beobachtet die Jagdvorbereitung der Buschmänner

Unser Fahrer in Kenia,
ein Massai

Der Rudelchef betritt die Bühne

Löwen bei der Paarung

Gnus durchqueren bei
ihrer Wanderung den
fast ausgetrockneten
Talek-River

Elefantenkuh mit
Jungtier

Zebras und Kuh-
antilopen in der
Serengeti

Elenantilopen in der
Massai-Mara

Nimmersattstorch am
Mara-River

Zebra am Mara-River

Vorurteile über Gefahren in der Wildnis

Im afrikanischen Busch gehen wir auf Tuchfühlung mit wilden Tieren, von denen einige zu den Gefährlichsten der Welt zählen. Wir suchen ganz bewusst die Nähe zu ihnen, um ihre Lebensweise und ihr Verhalten gegenüber dem Menschen zu studieren. Schon nach wenigen Reisen war uns klar: Die Vorurteile gegen diese Tiere – egal ob Löwen, Giftschlangen oder andere als lebensgefährlich geltende Wildtiere – gehören ins Reich der Fantasie. Sie alle möchten in Frieden leben, aber natürlich verteidigen sie sich und ihren Nachwuchs mit aller Macht, wenn sie sich bedroht fühlen. Wenn sich der Mensch ihnen gegenüber aber respektvoll und friedlich verhält, wird ihm kein Leid geschehen. Das ist die wichtigste Erfahrung, die wir in unseren vielen hautnahen Begegnungen mit den afrikanischen Wildtieren gemacht haben. Um einige der eindrucksvollsten Begebenheiten soll es auf den folgenden Seiten gehen.

Raubtiere

Raubtiere ernähren sich ausschließlich von Fleisch. Die Tierbabys lernen von ihren Müttern, was sie fressen und wie sie Beute machen können. Auch lernen die Kleinen, wer ihre Feinde sind und vor welchen Tieren sie sich in Acht nehmen müssen. Wir Menschen passen nicht in dieses Muster. Egal ob Löwe, Leopard oder Hyäne – Raubtiere gehen dem Menschen normalerweise aus dem Weg, es sei denn, sie sind krank, verhaltensgestört oder jungtierführende Mütter. Menschen in Autos werden völlig ignoriert. Oft genug haben wir erlebt, dass sich beispielsweise Löwen in den Schatten unseres Autos gelegt haben. Wenn wir den Raubtieren jedoch zu Fuß begegnen, flüchten sie.

Löwen

Löwen stehen in der Nahrungskette ganz oben und haben, abgesehen von Büffeln und Elefanten, die durchaus ebenbürtige Gegner sein können, keine natürlichen Feinde. Beim Menschen sind sie als lebensgefährliche Raubtiere verschrien. Natürlich sind sie wilde Tiere, aber sie trachten dem Menschen nicht nach dem Leben, wenn man ihnen ruhig, respektvoll und besonnen begegnet. Das haben wir in Afrika gelernt.

Es ist unsere zweite Botswanasafari im Oktober 2009. Gebucht haben wir bei Conny, einem in Botswana geborenen Safariunternehmer mit weißer Hautfarbe. Conny ist sein eigener Herr, Wildführer und Fahrer in Personalunion, einer der Besten in Botswana. Seinen Jeep hat er, speziell für die Bedingungen in Überschwemmungsgebieten und für Flussdurchquerungen, umgebaut. Der Unterboden ist breiter gelegt, die Türen und Schweller an der Fahrer- und Beifahrerseite sind komplett entfernt – eine sehr zweckmäßige Maßnahme, wie wir mehrfach erleben sollten. In diesem Jahr dauerte die Regenzeit extrem lange und war sehr intensiv. Einige Flüsse, die seit 23 Jahren ausgetrocknet waren, führen wieder Wasser. Hier watet Conny einfach hindurch, um den günstigsten Fahrweg zu suchen. Wenn er selbst noch stehen kann, heißt das eindeutig, dass man auch hindurch fahren kann. Dann heißt es für uns: Rucksack, Film- und Fototechnik in Sicherheit bringen und ab durch das Wasser. Doch genau so schnell, wie sich der Innenraum mit Wasser füllt, leert er sich – dank der fehlenden Türen – am anderen Ufer auch wieder.

Als wir das Auto zum ersten Mal sehen, sind wir ein wenig verwundert. Denn was passiert eigentlich, wenn wir Raubtieren begegnen? Ein wenig mulmig wird uns schon bei dem Gedanken – und bald darauf sollten wir eine eindeutige Antwort auf diese Frage erhalten.

Während Doris bei den Pirschfahrten stets auf dem Rücksitz sitzt, gewöhne ich es mir an, auf dem Beifahrersitz Platz zu nehmen. In Afrika ist Linksverkehr, weshalb der Beifahrer im Auto links sitzt. Der tiefliegende Sitz ist günstig für Tierbeobachtungen und dank der fehlenden Türen bequem zum Ein- und Aussteigen. Vor allem aber gibt es keine Grenzen mehr zwischen mir und der Wildnis.

Die Abenddämmerung ist längst hereingebrochen, als wir auf dem Rückweg zum Camp sind. Unversehens verlässt Conny den eingeschlagenen Pfad und fährt mitten durch den Busch. Er spricht nicht viel, hat aber mit Sicherheit wieder ein besonderes Ziel vor Augen. Nach einigen hundert Metern Buschdurchquerung gelangen wir an einen etwa zwei Meter hohen Hügel, auf dem ein erwachsener, männlicher Löwe liegt. Was für ein mächtiges Tier, gut genährt und mit dunkelbrauner

Mähne. Ein Löwenmmännchen in den besten Jahren, etwa fünf Jahre alt. Sicher ist er der Führer eines Rudels, das sich irgendwo in der Nähe aufhält. Männchen halten sich gewöhnlich etwas abseits der Weibchen und Jungtiere auf. Dieser hier hat sich einen besonders guten Platz ausgesucht, um die Übersicht über sein Revier zu wahren. Er ist hellwach und schwer damit beschäftigt, mit seinen mächtigen Pranken die Insektenschwärme um seinen Kopf zu verscheuchen. Eine ganze Weile lang betrachten wir bewegungs- und wortlos und mit großem Herzklopfen das majestätische Tier, das in höchstens fünf Metern Entfernung auf uns herabsieht. Und dann, ganz unvermittelt, geschieht das Unfassbare: Der Löwe erhebt sich und verharrt noch einige Sekunden, sodass Doris ein Foto für unser Afrikazimmer zu Hause schießen kann. Dann plötzlich, innerhalb von Sekundenbruchteilen, springt er mit zwei, drei Sätzen den Hügel hinab und steht direkt neben mir am Auto, auf Augenhöhe und nur noch eine Armlänge entfernt. Mit dem nächsten Schritt könnte er ins Auto steigen oder mich mit einem Prankenhieb herausziehen. Aber nichts dergleichen geschieht. Völlig entspannt und eher neugierig sieht er mich an, ohne das geringste Anzeichen von Aggression. Vielleicht hat er noch nie einen Menschen gesehen. Und ich, ich kann nichts tun, außer mich bei Conny anzulehnen. Komisch, richtige Angst habe ich in dem Moment nicht, dafür geht alles viel zu schnell. Nach einigen Sekunden hat der Löwe wohl genug gesehen. Er geht nach hinten, um an das Hinterrad zu urinieren und unser Auto damit als Teil seines Reviers zu markieren. Danach verschwindet er auf Nimmerwiedersehen in der Dunkelheit der afrikanischen Nacht.

Kein anderes Beispiel hätte uns besser vor Augen führen können, wie entspannt die als so gefährlich geltenden Raubtiere mit Menschen umgehen, die sie nicht als Gefahr für sich oder ihre Kinder ansehen. Noch heute würden wir nicht glauben, was da geschehen ist, wenn wir es nicht selbst erlebt hätten.

Conny hat kurz darauf auch eine Begegnung mit Löwen. Wir haben unser Camp im Okawangodelta aufgeschlagen, in einem Revier von drei Löwinnen, die wahrscheinlich lange keine Beute gemacht haben. Sie sehen schlimm aus, wie lebende Skelette. Die Gruppe ist einfach zu klein, um Gnus, Antilopen, Zebras oder noch größere Tiere zu jagen. Löwen sind langsamer und weniger ausdauernd als ihre Beutetiere. Obwohl sie selbst in größeren Rudeln oftmals erfolglos jagen, ist dabei die Chance wesentlich größer. Sie müssen sich nahe an das Beutetier heran schleichen und es einkreisen, um es dann von allen Seiten anzugreifen. Dazu sind diese drei Löwinnen nicht mehr in der Lage, zumal sie auch körperlich schon sehr geschwächt sind. Ihr Ende ist absehbar. Eines Nachts, ich bin gerade im ersten Schlaf und bekomme nichts mit, jagen sie mal wieder erfolglos, wie mir Doris am nächsten Morgen erzählt. Sie jagen Zebras genau durch unser Camp und sogar an unserem Zelt vorbei, sodass Doris die Jagd verfolgen kann. Wieder sind die Zebras schneller, die Löwinnen müssen weiter hungern.

Auch Conny hat die Jagd verfolgt und, um besser sehen zu können, sein Zelt geöffnet. Eine der Löwinnen hatte gerade die Verfolgung aufgegeben und stand genau davor, als er den Reisverschluss herunterzog. Wie er uns am Morgen danach erzählt, hat die Löwin ihn erschrocken angesehen und ist dann, trotz ihres Hungers, davon gesprungen.

Leoparden

Leoparden sind geschickte und heimliche Jäger. Da sie vorwiegend dämmerungs- und nachtaktiv sind und tagsüber versteckt auf Bäumen ruhen, sind sie schwer aufzuspüren. Sie jagen zumeist in der Dämmerung und nachts, überwiegend Antilopen, wobei Impalas anscheinend ihre Lieblingsbeute sind. Um ihren Riss nicht an Löwen oder Hyänen zu verlieren, klettern sie mit ihm, obwohl er oft schwerer ist als sie selbst, auf einen Baum und hängen ihn dort ins Geäst, um dann tagelang davon zu fressen. Wenn man in Afrika die Reste von Impalas auf Bäumen hängen sieht, weiß man, dass hier ein Leopard wohnt.

Unsere engste Begegnung mit einem Leoparden haben wir auch in Botswana. Doris entdeckt mit ihren scharfen Augen einen Leoparden in einem Baum: ein ausgewachsenes, kräftiges Männchen. Conny fährt direkt unter den Baum, sodass das Tier etwa drei Meter über uns liegt. In typischer Leopardenart lässt er auf einem starken Ast Beine und Schwanz baumeln. Auch er zeigt sich völlig desinteressiert an uns, obwohl es für ihn eine Kleinigkeit wäre, aus seiner geringen Höhe direkt in unser nach oben offenes Auto zu springen. Mehrmals versucht Conny, ihn durch Klopfen an der Autowand aus seiner Lethargie zu wecken oder ihn zum Aufstehen zu bewegen. Aber nichts geschieht. Manchmal sieht er kurz zu uns hinunter, als ob er sagen möchte: Verschwindet endlich. Nach etwa einer halben Stunde verlieren auch wir das Interesse an dem Leoparden und fahren davon. Ähnlich wie Löwen zeigen auch Leoparden gegenüber Menschen keinerlei Aggression oder gar Angriffslust – zumindest, wenn diese sich im Auto befinden. Auch in Kenia haben wir später Leoparden beobachtet, die ganz entspannt an unserem Auto vorbeigewechselt sind, ohne uns überhaupt Beachtung zu schenken.

Hyänen

Typfelhyänen sind für viele Menschen der Inbegriff der Hässlichkeit. Zugegeben: Mit ihrem stämmigen Vorderkörper, ihren kurzen Hinterbeinen, ihrem hoppelnden Gang und dem Speichel, der oft aus ihrem Maul tropft, können sie mit dem anmutigen Erscheinungsbild eines Leoparden oder dem majestätischen Aussehen eines Löwen nicht konkurrieren. Außerdem tun sie einiges für ihr negatives Image. Sie fressen alles, ob tot oder lebendig und sie sind blutrünstige, erbarmungslose Jäger. Hyänen töten alles, was sie überwältigen können und machen selbst vor einzelnen Löwen nicht halt, wenn sie in der Überzahl auftreten und sich überlegen fühlen. Ein ins Auge gefasstes Beutetier hat so gut wie keine Chance. Hyänen verfolgen ihr Opfer gemeinsam solange, bis es erschöpft zusammenbricht. Dann zerreißen sie die Beute bei lebendigem Leib an Ort und Stelle.

Wir selbst können in Sambia Hyänen beobachten, die sich von hinten einem im Todeskampf liegenden Büffel nähern. Sie wissen, dass dieser Büffel erledigt ist und ihnen nichts mehr anhaben kann. So beginnen sie, am Hinterteil des noch lebenden Tieres zu fressen – ein makaberes Schauspiel. Leider müssen wir die Szenerie wegen der hereinbrechenden Nacht verlassen. Am nächsten Morgen erinnern nur noch ein Marabu und einige Geier daran, dass hier am Abend zuvor ein tonnenschwerer Büffel gestorben ist.

Trotz ihrer gewaltigen Kraft – sie fressen selbst Knochen großer Säugetiere – gelten Hyänen gemeinhin als feige und furchtsam. Und ich glaube, sie sind es auch, zumindest fürchten sie sich sehr vor uns. Wie alle anderen Raubtiere ignorieren sie im Auto sitzende Menschen. Oftmals nähern wir uns ihnen mit dem Auto bis auf zwei, drei Meter, ohne dass sie weglaufen. Aber wie reagieren sie, wenn man aus dem Auto aussteigt? Das möchte ich unbedingt wissen. Wir finden einen Hyänenclan an seinen Bauten. Diese Raubtiere stehlen nicht nur Leoparden oder Geparden die Beute, sondern bewohnen zumeist auch Bauten, die eigentlich von Stachelschweinen oder Erdferkeln gegraben wurden. Einige Tiere liegen in der Mittagssonne vor dem Bau und lassen unser Auto ohne jeglichen Argwohn bis auf wenige Meter herankommen. Dann mache ich es spannend. Ich öffne die Tür, um auszusteigen. Doch noch bevor ich beide Füße auf den Boden stelle, suchen die Tiere in Windeseile das Weite. Dabei drehen sie sich immer wieder erschrocken zu mir herum. Keines der Tiere versucht auch nur ansatzweise, mich zu attackieren.

Krokodile

Die meisten Menschen denken, Krokodile seien blutrünstige Killer. Keine Frage, die Gefährlichkeit von Krokodilen zu unterschätzen, wäre fahrlässig. Als wechselwarme Tiere suchen sie das Land auf, um sich aufzuwärmen, auf „Betriebstemperatur" zu kommen und einfach nur zu dösen. Dabei haben sie jederzeit ihr Umfeld im Auge und halten Ausschau nach Beute. Ihr Revier, in dem sie sich sicher fühlen und Schutz bei Gefahr suchen, ist das Wasser. Hier lauern sie auch ihren Beutetieren auf, die zum Trinken ans Ufer kommen. Unter Wasser pirschen sie sich an, um dann blitzschnell zuzuschlagen. Sie packen das Beutetier und ziehen es ins Wasser, wo sie es ertränken. Da Krokodile mit ihrem Gebiss nicht abbeißen können, reißen sie Fleischbrocken aus der Beute heraus, die dann im Ganzen herunter geschlungen werden. Nach einem reichen Mal können die Reptilien wochenlang ohne Nahrung auskommen.

In Afrika kann es für Menschen lebensgefährlich werden, in der freien Wildbahn schwimmen zu gehen. Während unserer ersten Botswanasafari sind wir im Okawangodelta für zwei Nächte in einem Camp direkt am Wasser untergebracht. Unübersehbar sind die Warnschilder mit der Aufschrift„Attention Crocodiles" (Achtung: Krokodile). Der Campchef erzählt uns gleich nach unserer Ankunft von einem traurigen Ereignis, das noch gar nicht so lange her ist: Mehrere junge Leute waren im Camp zu Gast. Nachdem die Gruppe gegen Abend von der Pirschfahrt zurückgekehrt war, hatte es wohl eine der jungen Damen vorgezogen, anstatt zu duschen lieber schwimmen zu gehen. Ihr Platz blieb beim

Abendessen leer. Die durchgeführte Suche blieb ergebnislos, lediglich ihre Badelatschen fand man am Ufer. Ob Dichtung oder Wahrheit, denkbar ist ein solches Geschehnis allemal.

Ganz anders verhalten sich die Krokodile gegenüber dem Menschen an Land. Natürlich muss ich das testen, als wir im Selousreservat im Süden Tansanias unterwegs sind. Selous ist mit 55.000 Quadratkilometern das größte Reservat in Afrika. Weite Teile sind für Menschen unzugänglich, in einigen Regionen ist aber die Großwildjagd erlaubt. Deshalb verhalten sich die Tiere hier auch anders. Sie sind scheuer, teilweise aber auch aggressiver. Die Lebensader des Selous bildet der Rufiji-River, der ganzjährig Wasser führt. Hier sind wir eines nachmittags mit dem Boot unterwegs, um das Tierleben am und im Fluss zu beobachten. Die Boote sind sicher gebaut: flach und breit, ähnlich einem Floss. Das soll bei Flusspferdattacken das Kentern verhindern.

Am Ufer sonnen sich die Nilkrokodile. Sie gehören zu den größten Krokodilen der Welt, Exemplare bis zu fünf Metern sind keine Seltenheit. Man kann sich den Tieren mit dem Boot problemlos nähern, weil sie regungslos liegenbleiben. Jetzt muss ich herausfinden, was passiert, wenn ich aussteige. Unser Bootsführer stimmt zu und landet in etwa 20 Metern Entfernung vor einem der unzähligen Krokodile. Ich steige aus und gehe ganz langsam, Schritt für Schritt, auf das Krokodil zu. Das Tier bleibt regungslos liegen, bis ich mich auf etwa fünf Meter genähert habe. Dann springt es urplötzlich die Uferböschung hinunter ins Wasser, taucht schnell unter und verschwindet.

An einer anderen Stelle im Selous haben wir unsere Zelte an einem Seitenarm des Rufiji, in etwa 50 Metern Entfernung vom Wasser, aufgeschlagen. Nach Einbruch der Dunkelheit leuchten wir am Lagerfeuer mit der Taschenlampe die Umgebung ab, um nach Tieraugen zu suchen. Schon nach kurzer Zeit sehen wir in Flussnähe überall leuchtende Krokodilaugen. Und natürlich reizt es mich, zu untersuchen, wie sich Krokodile verhalten, wenn man sich ihnen im Dunkeln nähert. Also macht unser Führer mit mir noch einen kurzen Spaziergang runter zum Ufer. Doch ebenso wie am Tage gleitet ein Tier nach dem anderen im Schein unserer Lampen ins Wasser. Einen Angriff oder auch nur ein aggressives Fauchen in meine Richtung habe ich von keinem der Tiere erlebt.

Schlangen

Zweifellos ist Afrika neben Australien der Kontinent, auf dem die meisten gefährlichen Giftschlangenarten der Welt beheimatet sind. Besonders die Schwarze Mamba genießt oft den zweifelhaften Ruhm, als gefährlichste Giftschlange der Welt zu gelten. Ich halte von derlei Erhebungen nicht viel. Es ist egal, ob man von der Mokassinotter in Mittelamerika, der Kettenviper in Asien, dem Taipan in Australien, der Gabunviper in Westafrika oder eben der Schwarzen Mamba in den von uns bereisten Savannen in Ost- und Südafrika gebissen wird. Das Ergebnis ist immer das Gleiche: Man stirbt, wenn nicht in kürzester Zeit Kontakt zu „Flying Doctors" hergestellt wird, die das passende Gegengift injizieren können.

Unterschiede gibt es allerdings in der Art des Sterbens. Das Gift mancher Schlangen, wie zum Beispiel der Mokassinotter, zerstört das Gewebe, was erst nach Stunden qualvoller Schmerzen zum Tod führt. Die Mamba macht es einfacher. Ihr Gift lässt nicht einmal Zeit, um ein schattiges Plätzchen unter einer Schirmakazie zu suchen und das Testament zu schreiben. Es lähmt die Atmung und kann schon binnen einer Stunde zum Tod führen. Dennoch ist die Wahrscheinlichkeit, in Afrika an einem Schlangenbiss zu sterben, fast Null. Schlangen sind, ebenso wie Raubtiere, extrem menschenscheu. Ihre feinen Sinne ermöglichen es ihnen, Personen und vor allem Autos schon von Weitem zu erkennen und sofort zu flüchten. Nur die Puffotter tut dem Menschen diesen Gefallen nicht. Sie bleibt einfach liegen und wartet ab, um blitzschnell zuzuschlagen, wenn ihr jemand zu nahe kommt.

Für den Pauschaltouristen, der nur im Auto unterwegs ist, besteht kaum Gefahr. Ein wenig anders ist es bei uns. Wir kennen die „Top Drei" der afrikanischen Giftschlangen: die Speikobra, die Puffotter und natürlich die Schwarze Mamba. Wir kennen deren Verhalten und wir wissen, was wir in der Wildnis zu tun und zu lassen haben. Dazu gehört es, niemals in Höhlen oder Löcher, den bevorzugten Aufenthaltsorten der Schlangen, zu fassen. Tatsächlich gehört es zu den außergewöhnlichsten Ereignissen, in Afrika einer Schlange zu begegnen. Wir hatten dieses Glück mehrmals.

Unsere erste Schlange sehen wir in der Serengeti, nur leider nicht sehr lange. In den Fängen eines Schlangenadlers kämpft sie vergeblich um ihr Leben.

In der Massai-Mara in Kenia bekommen wir zwei Schlangen zu Gesicht. Eines Morgens sind wir im Auto unterwegs, als wir eine etwa 30 Zentimeter lange Schlange sehen, die sich unnatürlich um den eigenen Körper windet. Sie hat das Maul weit aufgerissen, am Hinterkopf ein Loch und kämpft mit dem Tod. Wahrscheinlich ist sie einem Sekretär in die Fänge geraten, einem Greifvogel, der am Boden nach Kleingetier jagt. Oder vielleicht haben Mangusten sie attackiert. Da es keine der mir bekannten Giftschlangen ist, nähere ich mich ihr vorsichtig. In der Hoffnung, dass sie vielleich doch überlebt, hebe ich sie mit einem Stöckchen auf und lege sie im nahen Gebüsch ab.

An einem anderen Tag in der Massai-Mara entdeckt Doris eine der „Top Drei“: eine schwarze Speikobra. Sie liegt auf einem Termitenhügel, in dem sie sich tagsüber zumeist versteckt. Die Speikobra hat die einzigartige Fähigkeit, ihr Gift nicht nur beim Biss zu injizieren, sondern es dem potentiellen Feind auch ins Gesicht zu spritzen. Dabei kann sie durch die nach vorn gerichteten Giftzähne aus bis zu drei Metern Entfernung zielgenau treffen. Auf der Haut des Menschen ist das Gift ungefährlich, in den Augen jedoch kann es zur Erblindung führen. Da wir in Afrika stets mit breiter Sonnenbrille unterwegs sind, kann uns die Speikobra zumindest so nicht gefährlich werden. Das erwachsene Exemplar, das Doris gerade gefunden hat, hat uns längst gesehen. Es sitzt in typischer Kobraart mit aufgerichtetem Oberkörper und gespreiztem Nacken auf ihrem Haus und beobachtet uns. Als wir stoppen, um sie zu filmen und zu fotografieren, verschwindet sie blitzschnell in ihrem Termitenhügel.

Unser spannendstes Schlangenerlebnis haben wir in Botswana. Schon am Lagerfeuer am Abend zuvor hatte Conny eine Schlange entdeckt. Mit einem Stock hob er sie hoch, um sie uns zu zeigen. Da Conny alle gefährlichen Schlangen kennt, wussten wir, dass dieses Exemplar harmlos war. Nachdem wir sie ausgiebig betrachtet haben, ließen wir sie im Schein unserer Taschenlampe davon kriechen.

Und dann am nächsten Morgen, als wir gerade zur Pirschfahrt aufbrechen wollen, hören wir die Warnlaute aufgeregter Vögel aus einem nur wenige Schritte von unserem Zelt entfernten Baum. Ähnlich den Warnlauten unserer heimischen Amseln, die eine Katze entdeckt haben, warnen sich auch diese Vögel lautstark gegenseitig.

Kein Zweifel: Sie haben einen Feind entdeckt. Und was für einen! Es ist eine Schwarze Mamba, die da den Baum emporklettert.

Die Mamba vereint alle Superlative. Sie ist die längste, schnellste und – wenn sie sich bedroht fühlt – aggressivste aller afrikanischen Giftschlangen, und ihr Gift ist sowieso unschlagbar. Sie ist nicht schwarz, wie man vielleicht vermutet, sondern überwiegend grauer Hautfarbe. Aber sie hat als einzige Giftschlange ein tiefschwarzes Maul. Wenn man also in Afrika von einer Schlange mit weit aufgerissenem, schwarzem Maul angegriffen wird, weiß man, wen man vor sich hat.

Als wechselwarme Tiere sind Schlangen in den kühlen Morgenstunden weniger angrifsslustig. Sie müssen ihren Körper erst einmal auf „Betriebstemperatur" bringen und suchen dazu sonnige Plätze auf, um ihren Akku aufzuladen. Ausgerechnet den Baum vor unserem Zelt hat sich diese Mamba ausgesucht, um Sonne zu tanken. Unglaublich, wie leicht sie unter dem lautstarken Protest der Vögel den Baumstamm hinaufgleitet. Schon hat sie die ersten Äste erreicht, welche ihr den Weg in die sonnendurchflutete Baumspitze noch erleichtern. Noch nie zuvor und auch nie wieder ist es mir so schwer gefallen, ein Tier zu filmen. Und das nicht nur, weil ich die Kamera nach oben richten muss. Zu aufgeregt bin ich in diesem Augenblick, selbst dann noch, als das Tier längst regungslos und fast unsichtbar im Geäst hängt und die Sonne genießt. Auch die Fotos von Doris sind leider verwackelt. Natürlich denke ich im Nachhinein darüber nach, was hätte geschehen können, wenn ich der Mamba begegnet wäre, als sie sich noch am Boden bewegt hat. Voller Ehrfurcht beobachten wir diese oftmals als „schwarzer Tod Afrikas" verschriene Schlange, bis wir zur Vormittagspirsch aufbrechen. Als wir gegen Mittag zum Camp zurückkehren, ist die Mamba längst verschwunden.

Elefanten, Büffel und Flusspferde

Die Elefanten sind es, die uns noch heute die größte Furcht einjagen, insbesondere dann, wenn wir ihnen im Busch völlig überraschend gegenüberstehen. Dennoch hatten wir bisher, abgesehen von einigen Scheinangriffen, niemals ernsthafte Probleme mit den Riesen der Wildnis. Immerhin sind die afrikanischen Elefanten die größten an Land lebenden Tiere der Welt, und nicht zuletzt deshalb müssen wir ihnen mit äußerster Vorsicht begegnen. Besonders jungtierführende Kühe reagieren äußerst gereizt, wenn man ihnen zu nahe kommt. Ebenso unberechenbar sind geschlechtsreife Bullen in der „Mustphase", einer regelmäßig eintretenden Phase besonderer sexueller Erregung, verbunden mit extremer Aggressivität. Zum Glück ist das Verhalten der Elefanten oft berechenbar. Im Regelfall sieht man ihnen an, was sie im Schilde führen und kann entsprechend reagieren.

Anders ist es bei den Büffeln und Flusspferden. Statistiken zufolge sollen die meisten Todesfälle in Afrika auf das Konto dieser beiden Tierarten gehen. Sich ihnen zu Fuß bis auf kurze Distanzen zu nähern, kann tatsächlich lebensgefährlich werden. Selbst im Auto ist man zumindest dann nicht sicher, wenn man zwischen die Fronten gerät. Deshalb braucht man in Afrika ein perfekt funktionierendes Auto und einen Führer, der die Wildnis wie seine Westentasche kennt. Fehler im Umgang mit diesen beiden Tierarten kann man sich nicht leisten. Aber auch bei Büffeln und Flusspferden ist es möglich, potenziellen Gefahrensituationen aus dem Weg zu gehen. Schließlich sind beide Tierarten so groß, dass man sie normalerweise nicht übersehen kann.

In den Savannen Ost- und Südafrikas gehören die Kaffernbüffel zu den häufigsten Tieren. Sie leben in Herden, manchmal zu mehreren hundert Tieren. Als reine Pflanzenfresser benötigen sie riesige Reviere, die sie auf der Suche nach Nahrung durchwandern, wobei sie mindestens einmal täglich die Wasserstelle aufsuchen. Büffel sind ebenso aggressiv wie wehrhaft. Mit Ausnahme von Löwen, die nicht selten junge und schwache Tiere angreifen, haben sie keine natürlichen Feinde.

Wir selbst hatten nie Probleme mit den Büffeln. Im Auto kann man sich ihnen problemlos nähern, wenn man langsam fährt. Ihr Verhalten ist immer gleich. Die dominanten Bullen stellen sich nebeneinander in vorderster Linie auf, den Blick auf den potentiellen Feind gerichtet. Sie bilden so eine uneinnehmbare Front, hinter der die Kühe und Jungtiere geschützt sind. Und wenn man einen etwas verwegenen Fahrer hat, macht es sogar ein wenig Spaß, mit den Büffeln zu „spielen".

In Sambia haben wir einen solchen. Wir haben tagelang keinen Büffel gesehen und so kitzeln wir unserem jungen Fahrer an der Ehre. „Wir glauben nicht, dass du uns Büffel vor die Kamera zaubern kannst", sagen wir zu ihm. „Vielleicht gibt es hier ja gar keine." Das ist zu viel für seinen Stolz. Natürlich ist uns nicht entgangen, dass er schon den ganzen

Morgen nach Büffelfährten und frischem Kot Ausschau gehalten hat. Auch wir haben schon Kothaufen gesehen, aber eben keine frischen. Dann, am späten Vormittag finden wir in der Nähe eines kleines Galeriewaldes frische Spuren und noch feuchten, schwarzen Kot. Die Büffel müssen ganz in der Nähe sein. Wir fahren noch ein paar Meter, um auf die Schattenseite des Wäldchens zu gelangen, bis wir die riesige Herde sehen. Kühe, Jungtiere und natürlich die dominanten Bullen an vorderster Front, die uns schon erwarten. Langsam nähern wir uns der Herde, um sie nicht in Panik zu versetzen. Meter um Meter, bis wir schließlich im Schatten einer Akazie stoppen. Der Fahrer schaltet den Motor ab und so können wir in aller Ruhe das Familienleben der Büffel beobachten.

Die Herden bestehen aus Kühen, deren Jungtieren, noch nicht geschlechtsreifen Bullen und diversen dominanten Bullen, die sich im Kampf um die Führung der Herde ständig jüngeren Bullen erwehren müssen. Wenn sie der Kraft der Jungbullen im höheren Alter nicht mehr gewachsen sind, verlassen sie die Herde und ziehen einzeln oder mit anderen „Leidensgenossen" durch die Wildnis. Diese alten Herren gelten als besonders mürrisch und unberechenbar. Beide Geschlechter tragen Hörner, wobei die der Bullen gewaltiger und – mit mehr als einem Meter Breite – weit ausladender sind. Das Alter der Tiere ist recht genau zu bestimmen, da die Hornschilde auf der Stirn mit den Jahren zusammen wachsen. Die Herde, die wir hier vor uns haben, umfasst weit mehr als einhundert Tiere. Einige äsen das zumeist vertrocknete Gras, andere haben sich zur Mittagsruhe niedergelegt und kauen ihr Frühstück nochmals durch. Nur die Kälber haben keine Lust auf Mittagsschlaf. Einige turnen übermütig um die Mutter herum oder spielen miteinander. Nur die alten Bullen stehen bewegungslos vor uns und starren uns in die Augen. Vielleicht wollen sie ausloten, wie lange wir ihren Blicken standhalten. Was ist der Kaffernbüffel, die größte Büffelart der Welt, doch für ein gewaltiges, furchteinflößendes Tier. Keine Bewegung, kein Mienenspiel, nur der zähe Speichel tropft unentwegt aus ihrem Maul. Einige der Bullen haben gerade Besuch von Madenhackern. Das sind starengroße Vögel, die mit ihrem Schnabel systematisch das Fell Ihrer Wirtstiere nach Parasiten durchkämmen. Selbst die Ohren und die Nase werden bei der Körperpflege nicht ausgenommen, was den Büffeln sichtlich angenehm zu sein scheint. Lange halten wir es hier allerdings nicht aus. Doris' empfindliche Nase hat genug gerochen. Außerdem hat das Thermometer in der Mittagshitze am Sambesi die 30-Grad-Marke schon wieder weit überschritten. Aber ehe wir die Büffel verlassen, möchte uns unser Fahrer noch das Fluchtverhalten der Tiere demonstrieren, ein etwas abenteuerliches Schauspiel. Um die Tiere zum Laufen zu bringen, lässt er den Motor an, legt den ersten Gang ein, gibt Vollgas, sodass der Motor aufheult, und fährt auf die Herde zu. Um uns selbst nicht zu gefährden, müssen wir hinter den Tieren bleiben, sodass sie vor uns davonlaufen können, was sie freundlicherweise auch tun. Unzählige Büffel, die in einer riesigen Staubwolke vor uns flüchten – was für ein Ereignis. Etwa 50 Meter folgen wir der Herde, an deren Ende die Bullen laufen. Wie üblich bleiben die Tiere plötzlich stehen, um sich umzudrehen und nach uns Verfolgern Ausschau zu halten. Auch wir stoppen. Wieder stehen die mächtigen Bullen vor uns und beäugen uns argwöhnisch, aber ohne jedes Anzeichen von Aggression. Selbst das Wühlen mit den Hörnern im Boden, das für uns ein Alarmzeichen sein würde, unterlassen sie. Wir wollen die Tiere nicht weiter provozieren, legen den Rückwärtsgang ein und verschwinden – um eine Erfahrung mit dem meistgefürchteten Wildtier Afrikas reicher.

Flusspferde gelten als nicht sonderlich intelligent und ich glaube, sie sind es auch nicht. Des Öfteren schon haben wir uns über ihr Verhalten amüsiert. Manchmal, ohne ersichtlichen Grund, verfällt die ganze Herde in Panik. Die Tiere geraten dabei außer Rand und Band, springen übereinander, attackieren sich gegenseitig oder stürzen aus dem Wasser und wieder zurück. Bei solcher Massenpanik werden nicht selten die Babys niedergetrampelt oder zerdrückt. Natürlich würde auch ein Mensch, der ihnen dabei in die Quere kommt, getötet werden. Anscheinend können die Tiere nicht zwischen Gefahren und völlig harmlosen Situationen unterscheiden. Das macht sie so unberechenbar und gefährlich.

Wir selbst können dieses merkwürdige Verhalten der Flusspferde in Sambia beobachten. Unser Zeltcamp, direkt am Ufer des Luangwa-Rivers, bietet uns beste Aussicht auf eine Flusspferdherde. Gegen Ende der Trockenzeit führt der Luangwa nur noch wenig Wasser, sodass sich die Herden, die normalerweise bestimmte Flussabschnitte als ihr Revier besetzen, an den wenigen tiefen Wasserstellen sammeln – so wie vor unserem Camp. Fremde Tiere auf engstem Raum, Körper an Körper, bedeutet Stress rund um die Uhr. Ständig kommt es zu Revierkämpfen, insbesondere dann, wenn starke, fremde Bullen in die Herde eines dominanten Bullen einzudringen versuchen. Dann kommt es nicht selten zu Kämpfen auf Leben und Tod.

Wir können während unseres Aufenthalts in diesem Camp fast nie schlafen. Nachts sind die Flusspferde, die das Wasser immer auf den gleichen, ausgetrampelten Pfaden verlassen, auf Nahrungssuche. Bei so vielen untereinander fremden Tieren kommt es dabei zu ständigen Rangeleien, stets begleitet vom dröhnenden Grunzen der Bullen. Selbst tagsüber ist im „Hippo-Pool" fast nie Ruhe. Wir liegen während der Mittagshitze im Zelt auf unserer Liege, als mal wieder Panik unter den Tieren ausbricht. Die ganze Herde stürmt in einer einzigen Welle aus dem Wasser. Was um alles in der Welt hat die Tiere während der Mittagsruhe mal wieder in Angst und Schrecken versetzt? Die Antwort auf diese Frage ist kaum zu glauben: Die Reste eines Stuhls kommen in dem nur noch langsam fließenden Wasser daher geschwommen, direkt auf die Flusspferde zu. Das ist scheinbar zu viel für ihre Nerven, denn kopflos rasen sie aus dem Wasser, ohne Rücksicht auf die Jungtiere. Kein Mensch, egal ob auf einem Boot oder am Ufer, würde diese Panikattacke der Hippos überleben.

Das Revier der Flusspferde ist das Wasser. Der dominante Bulle verteidigt nicht nur seine Herde gegen alle Nebenbuhler, sondern auch sein Revier, das er regelmäßig durch Schwanzrotation mit seinem Kot markiert. Irgendwann im höheren Alter ist aber jeder Bulle fällig, wenn er einem jüngeren und stärkeren Bullen im Kampf unterliegt. Wenn er überhaupt überlebt, muss er das Revier, zumeist schwer verletzt, verlassen und sich irgendwo ein freies Wasserloch suchen. Da freie Wasserlöcher in Afrika so selten sind wie in Deutschland ein Fünfer im Lotto, endet das Leben der ausgestoßenen, alten Bullen meist in den Fängen von Raubtieren.

In Botswana haben wir das Glück, einen ausgemusterten alten Flusspferdbullen in seiner „Badewanne" zu finden. Mit ihm freunden wir uns sofort an, doch leider ist diese Freundschaft eher einseitig. Wegen seiner Einsamkeit ohnehin stets schlecht gelaunt, macht ihn unsere Anwesenheit erst richtig wütend. Schon beim ersten Treffen startet er mit weit aufgerissenem Maul sofort einen Scheinangriff, ohne dabei das Wasser zu verlassen – so viel Mut hat er dann doch nicht. Von nun an besuchen wir ihn täglich, morgens und abends. Ich glaube, er ist schon stinksauer, wenn er unser Auto kommen sieht. Jedenfalls gelingt es ihm nie, cool zu bleiben. Conny hält immer genau am Ufer seines Pools und lässt den Motor vorsichtshalber an. Manchmal bedarf es einiger Überredungskunst, aber spätestens, wenn wir gegen die Autowand klopfen, reißt ihm der Geduldsfaden und er startet seine Scheinangriffe. Dann reißt er sein Maul auf und präsentiert seine gewaltigen Eckzähne – einfach wunderbare Posen für unsere Film- und Fotoaufnahmen!

Es gibt aber auch freundliche Flusspferde und vor allem liebevolle Mütter, denn ein ganz anderes Schauspiel dürfen wir im Ngorongorokrater in Tansania erleben. Einige Kühe und eine Mutter mit Baby liegen entspannt im Wasser. Das Kleine ist so putzig anzusehen, wie es immer wieder untertaucht, manchmal sogar unter der Mutter durch. Niemals entfernt es sich mehr als einen Meter von ihr. Dann beginnt eine der Kühe damit, sich im Wasser um die eigene Längsachse zu drehen, wieder und wieder, bis auch die anderen mitmachen. Manchmal liegen sie sogar auf dem Rücken und strecken ihre Beine nach oben, so als ob sie ihren Bauch in der Morgensonne wärmen.

Wir hatten mit Flusspferden nie ernsthafte Probleme, wenngleich wir auch immer darauf bedacht sind, die Fluchtdistanzen einzuhalten. Dennoch wurde unser Boot einmal auf dem Sambesi von einem Flusspferdbullen gerammt, der sich unbemerkt unter Wasser angepirscht hatte. Aber die Safariboote sind flusspferdsicher und breitflächig gebaut. Die Einbäume der einheimischen Fischer dagegen haben gegen Flusspferdangriffe kaum eine Chance.

Kleingetier

Afrika ist die Heimat unzähliger Arten von Krabbeltieren, Spinnen, Skorpionen, Käfern und Insekten. Einige Arten, wie der bis zu 20 Zentimeter lange Tausendfüßler oder die riesigen schwarzen Käfer, die in der Dunkelheit wie Helikopter um unsere Petroleumlampen fliegen, sind für mich wegen ihrer enormen Größe ein wenig schaurig. Ehrlich gesagt bin ich nicht unbedingt der größte Fan von ihnen.

Dennoch können nur wenige dieser Arten dem Menschen wirklich gefährlich werden. Gegen Scorpione schützt man sich durch hohes Schuhwerk, das man nachts mit ins Zelt nimmt, um ihnen keinen Unterschlupf zu bieten. Gegen Insekten schützt Ganzkörperbekleidung. Nicht ohne Grund besuchen wir Afrika in der Trockenzeit, wenn es kaum Mücken gibt. Natürlich wissen wir um die Gefahren, die von der Anophelesmücke, dem Überträger der Malaria, ausgehen. Wir wissen aber auch, dass die Malaria von Mensch zu Mensch übertragen wird und im Busch sind wir allein mit unseren Begleitern. Dort gibt es keine malariakranken Menschen. Deshalb verzichten wir auf die Einnahme von Medikamenten, zumal diese nicht nur erhebliche Nebenwirkungen haben, sondern auch nicht einhundertprozentig gegen Malaria schützen. Einem anderen Menschenfeind, der Tsetse-Fliege, mussten wir uns leider schon mehrfach erwehren. Obwohl die Fliege in den Touristenhochburgen Ostafrikas erfolgreich bekämpft wird, ist sie keineswegs ausgerottet. Ganz im Gegenteil: In verschiedenen Regionen Tansanias und Sambias ist sie sogar noch weit verbreitet. Die Fliege überträgt die Schlafkrankheit, allein ihr Biss ist äußerst schmerzhaft. Ähnlich wie unsere einheimische Bremse ist sie ausgesprochen aggressiv. Sie greift zumeist im Schwarm an und lässt sich wie ein Stein auf den Menschen fallen, um sofort zuzubeißen.

Die größten Probleme hatten wir mit Sandflöhen. Da wir im Zelt zuweilen auf dem Boden schlafen, wurden wir in der Serengeti von ihnen befallen. Oberhalb der Socken, rings um die Knöchel, waren unsere Füße übersät von Flohbissen, die tagelang wahnsinnig juckten. Selbst feuchte Tücher halfen kaum. Das ständige Kratzen kann zu Entzündungen führen und somit gefährlich werden. Heute wissen wir, dass nur Essig gegen Sandflöhe und deren Bisse hilft. Also gehört Essig in kleinen Schnapsfläschchen mittlerweile zu unserer Grundausstattung.

Besucher am und im Zelt

In Afrikas Wildnis ist es ganz normal, ständig Gäste am Zelt zu haben, vor allem nachts. Meist sieht man erst am nächsten Morgen anhand der Spuren, welche Tiere zu Besuch waren. Besonders Hyänen sind sehr neugierig und untersuchen gern die Camps, immer auf der Suche nach Fressbarem. Aber auch andere Tiere finden Zelte offenbar ganz interessant.

In Kenia hatten wir am Talekfluss nachts einen außergewöhnlichen Besucher. Ich war gerade eingeschlafen, als mich Doris mit den Worten weckte: „Ich glaube, wir haben ein Flusspferd am Zelt." Zuerst war ich der Meinung, dass die Fantasie mit ihr durchgegangen war. Trotzdem nahm ich die Taschenlampe und leuchtete durch die Gaze unseres Zeltfensters. Und tatsächlich hatte es sich direkt an unserer Zeltwand ein ausgewachsenes Flusspferd gemütlich gemacht. Schreckhaft, wie Flusspferde nun einmal sind, reagierte auch dieses sofort. Geblendet durch den Lichtstrahl meiner Lampe, sprang das massige Tier wie aus der Pistole geschossen auf und stürzte den nur etwa fünf Meter entfernten Abhang hinunter in den Fluss. Unser Zelt hatte es dabei zu unserer Erleichterung nicht beschädigt. Anscheinend sind Flusspferde nicht besonders lernfähig, denn in der nächsten Nacht kuschelte es sich wieder an unser Zelt. Wieder leuchtete ich es an, es fuhr erschrocken hoch und rannte panisch zum Wasser. In der nächsten Nacht wollte ich es filmen und legte die Kamera bereit, ehe ich mich schlafen legte. Aber ich hatte Pech, das Flusspferd erschien fortan nicht wieder.

Auch tagsüber sind Besucher nicht ausgeschlossen. Ebenfalls in Kenia saßen wir am frühen Nachmittag vor unserem Zelt und beobachteten einige Paviane am gegenüberliegenden Ufer des Talek. Dann hörten wir ein Piepsen. Es waren die Kontaktlaute von Zebramangusten. Mangusten sind zu den Schleichkatzen gehörende Kleinraubtiere, die in großen Familienclans, ähnlich den Erdmännchen, leben. Sie fressen alles, was sie an Kleingetier überwältigen können, sogar Schlangen. Wie wir feststellen sollten, kommt eine Manguste niemals allein. Innerhalb kürzester Zeit waren wir von der gesamten Familie umgeben. Um die Tiere nicht zu erschrecken, trauten wir uns zunächst nicht, nach Foto- und Filmkamera zu greifen, die immer einsatzbereit neben uns lagen. Als die Tiere aber keinerlei Scheu zeigten, sondern neugierig immer näher kamen, griffen wir doch zu unserer Technik und konnten die kleinen Räuber problemlos fotografieren und filmen. Eines der Tiere, vielleicht das Familienoberhaupt, war besonders vorwitzig. Unser Zelt stand auf einem Holzplateau, das über drei Stufen zu erreichen war. Dieses Tier wollte mich scheinbar unbedingt persönlich kennenlernen und kletterte die Stufen herauf, um an meinen Füßen zu schnuppern. Da es bei mir nichts zu holen gab, verließ sie uns nach kurzer Zeit wieder, ordentlich über die Treppe. Noch einige Minuten wuselten die Tiere auf der Suche nach Würmern oder Käfern im Gras vor unserem Zelt, um dann im nahen Gebüsch zu verschwinden.

Eine etwas größere Tierart hatten wir in Botswana zu Besuch. Wir ruhten am frühen Nachmittag in unserem Zelt, als uns Conny rief: „Come out, there are some visitors for you!" (Kommt raus, ihr habt

Besuch!). Und was für Besucher sich da schnellen Schrittes näherten! Es war eine Gruppe Elefanten, die schnurstracks auf uns zukam. Wir stellten uns hinter einen Baum, aber natürlich hatten uns die Tiere längst bemerkt. Ihre Richtung änderten sie allerdings nicht. Nur in wenigen Metern Entfernung zog die ganze Herde vollkommen entspannt an unserem Zelt vorbei. Wir durften in diesen wenigen Minuten ein eindrucksvolles Erlebnis genießen und wichtige Erfahrungen im Umgang mit den imposanten Riesen der Wildnis sammeln.

Doch nicht nur am, sondern auch im Zelt muss man in Afrika ab und zu mit Besuchern rechnen. Obwohl es zu den Grundregeln im Busch gehört, das Zelt stets geschlossen zu halten, ist es nicht auszuschließen, dass sich doch mal ein Tier hinein verirrt. Zum Glück sind das meist gern gesehene „Haustiere" wie Geckos. Sie sind fleißige und geschickte Insektenjäger und verschonen uns vor Fliegen und Mücken.

Einen doch etwas nervenden Mitbewohner hatten wir auch in Botswana: eine Maus. Tagsüber hielt sie sich stets versteckt, sodass wir hofften, sie wäre verschwunden. Aber kaum hatten wir das Licht unserer Petroleumlampe gelöscht und uns Schlafen gelegt, fing es an zu kraspeln. Natürlich hörte Doris das Geräusch zuerst und weckt mich: „Hier ist eine Maus im Zelt." Ich dachte zuerst, sie bildet sich das ein. Wie immer hatten wir die Taschenlampe griffbereit, sodass ich mich im Zelt umsehen konnte. Und tatsächlich: Auf unserer Reisetasche saß eine Maus. Nun war guter Rat teuer. Ich versuchte sie mit dem Handtuch zu fangen, das ich mir nachts über das Gesicht legte. Aber kaum richtete ich mich auf, war die Maus schon verschwunden. Und zwar so lange, bis ich das Licht löschte und mich wieder schlafen legte. Von nun an spielten wir die ganze Nacht lang Katz und Maus.

In Sambia hingegen hatten wir einen freundlichen Gast im Zelt: einen Frosch. Er saß immer auf seinem Lieblingsplatz, unserer Nivea-Dose. Wenn wir uns eincremen wollten, mussten wir ihn runtersetzen, was ihm immer sichtlich missfiel. Spätestens, wenn wir von den Safaris zurückkehrten, saß er wieder auf seinem Platz. Nachts ging er auf Insektenjagd, und manchmal hörten wir ein Klatschen. Dann war er mal wieder an der glatten Zeltwand hochgeklettert und abgestürzt. Bestimmt war auch er traurig, als wir das Camp verließen.

„Top Drei" der Raubtiere:

Löwe

Leopard

Hyäne

Vorsicht vor diesen Tieren:

Nilkrokodil

Kaffernbüffel

Unser Freund, der uns
nicht leiden konnte

Elefantenbesuch

Mangusten am Zelt

Frosch auf seinem
Lieblingsplatz

Tipps für Afrika-Einsteiger

Immer wieder werden wir gefragt, warum wir uns diesen Stress überhaupt antun und ob wir vielleicht ein wenig lebensmüde wären. Nein, leichtsinnig oder gar lebensmüde sind wir natürlich nicht. Ganz im Gegenteil: Wir wissen ganz genau was wir tun. Wir legen sehr viel Wert auf Sicherheit und kennen die Gesetze der Wildnis, die von den Tieren bestimmt werden, und wir richten uns danach. Natürlich kann es zu überraschenden, grenzwertigen Begegnungen kommen, schlimmstenfalls sogar zu Wildtierangriffen – aber wo lebt man schon gefahrlos?

Folgende Verhaltensregeln haben uns bis heute vor lebensgefährlichen Situationen bewahrt:
- stets alle Sinne auf Empfang schalten und auf die Signale der Tiere achten,
- außerhalb des Zeltes immer Ganzkörperbekleidung und festes Schuhwerk tragen,
- niemals direkt am Wasser oder auf Wildwechseln zelten oder laufen,
- niemals in der Wildnis ins Wasser gehen,
- niemals Kleidung, Gepäck oder Schuhe vor dem Zelt stehenlassen,
- keine Nahrungsmittel im Zelt aufbewahren,
- nachts das Zelt möglichst nicht verlassen,
- bei plötzlichen Begegnungen mit Raubtieren, Elefanten, Büffeln, Nashörnern oder Schlangen ruhig und besonnen reagieren; nicht weglaufen, sondern langsam entfernen.

Wenn man einmal im Leben die grandiose Wildnis Afrikas und deren faszinierende Tierwelt erleben und sich dazu auch noch wie in einem guten deutschen Hotel verwöhnen lassen möchte, können wir Kenia und Namibia empfehlen. Beide Länder verfügen über einen bestens strukturierten Safaritourismus und über Lodges mit hohem Standard und vorzüglichem Essen. Im offenen Jeep wird man durch die Wildnis chauffiert, ohne auch nur den geringsten Gefahren und Risiken ausgesetzt zu sein.

Wer allerdings das erleben will, was wir in Afrika suchen, sollte sich mit den Tieren und ihrem Verhalten auseinandersetzen. Ebenso wichtig ist es zu wissen, was man selbst in brenzligen Situationen zu tun und zu lassen hat. Dazu bedarf es einiger Erfahrungen, die man sich nicht allein aus Filmen oder Büchern aneignen kann.

In Afrika braucht man vor allem drei Dinge: einen perfekten Führer, der sich in der Wildnis bestens auskennt, ein Auto nach europäischem Standard (keinesfalls ein klappriges „Afrika-Auto") und immer die doppelte Menge an Trinkwasser als eigentlich benötigt.

Außerdem sollte man gut auf die Reise vorbereitet sein. Ein Check beim Haus- und Zahnarzt ist jedenfalls zu empfehlen. In Afrika ist ärztliche Hilfe – sofern überhaupt vorhanden – immer weit weg. Auch eine gut ausgestattete Reiseapotheke mit Notfallmedikamenten und Elektrolyten gegen Dehydrierung ist für den Notfall unerlässlich.

Wir planen unsere Reisen langfristig und sehr genau und treffen vor Reiseantritt alle wichtigen Vorsorgemaßnahmen. Dazu gehören auch die erforderlichen Tropenschutzimpfungen.

Auch die Reisedauer spielt bei unseren Planungen eine wichtige Rolle. Wir gehen selten länger als 14 Tage in den Busch. So können wir relativ sicher sein, dass wir noch vor Ablauf der Inkubationszeit wieder in Deutschland sind, falls wir uns wirklich einmal eine der gefährlichen Tropenkrankheiten einfangen sollten.

Zukunftsvisionen

Die Wildnis Afrikas ist unter gegenwärtigen Bedingungen enorm bedroht. Hauptgrund dafür sind die immer kleiner werdenden Lebensräume und die explosionsartig wachsende Bevölkerungsdichte. Schon heute leiden Menschen in vielen Ländern Hunger, vor allem dort, wo sie aus ihren früheren Lebensräumen vertrieben wurden. Dazu gehören unter anderem die Buschmenschen der Kalahari.

Als Folge des Hungers ist die Wilderei in fast allen Ländern Afrikas ein ernsthaftes Problem, das die Tierbestände, insbesondere der Raubtiere, dezimiert. Dies wiederum gefährdet zunehmend das biologische Gleichgewicht. Ein anderes Problem ist die Überpopulation der Großtiere, vor allem der Elefanten. In den eingezäunten Nationalparks zerstören die Tiere ihren eigenen, viel zu kleinen Lebensraum.

Was ist nun der Schlüssel zur Lösung dieses Dilemmas? Es muss eine Regelung her, die sowohl den Tieren, als auch den berechtigten Interessen der Menschen gerecht wird. Der einzige Weg ist meiner Meinung nach die Umsiedlung der Tiere in ihre ehemaligen Lebensräume, in denen sie durch Kriegswirren und Wilderei nahezu ausgerottet wurden, beispielsweise Angola oder Mosambik.

Ein erstes hoffnungsvolles Projekt dieser Art ist die Schaffung des „Great Limpopo Transfrontierparks", kurz „Peacepark" genannt. Im Dreiländereck Südafrika – Simbabwe – Mosambik wird bereits seit zehn Jahren an diesem weltweit größten Natur- und Tierschutzprojekt gearbeitet. Viele Tiere, vor allem Elefanten, sind schon aus dem Krüger-Nationalpark nach Mosambik umgesiedelt worden. Wenn irgendwann alle Grenzzäune zwischen den drei beteiligten Ländern fallen, wird mit über 100.000 Quadratkilometern Größe ein grenzüberschreitendes Königreich für wilde Tiere entstehen.

In vielen Ländern Afrikas ist der Tourismus die Haupteinnahmequelle. Doch ohne wilde Tiere kommen keine Touristen. Deshalb investieren diese Länder verstärkt in den Natur- und Tierschutz sowie in die touristische Infrastruktur, nicht zuletzt mit Deutscher Hilfe. Seit Jahrzehnten unterstützt die Zoologische Gesellschaft Frankfurt (ZGF), der auch wir als Mitglieder angehören, mit jährlichen Millionenbudgets den weltweiten Tierschutz, vor allem in Afrika. Dabei geht es insbesondere darum, die einheimische Bevölkerung für den Tierschutz zu sensibilisieren, effiziente Gruppen zur Bekämpfung der Wilderei zu gründen und zu unterhalten sowie die Tierbestände zu schützen und auszubauen. Einige der seit Jahren durch die ZGF erfolgreich betriebenen Projekte sind beispielsweise die Wiederansiedlung der Spitzmaulnashörner in ihren früheren Lebensräumen, der Schutz der Gorillas in Ruanda, Uganda und dem Kongo sowie die Wiederansiedlung der Wildhunde in der Serengeti.

Ich bin vorsichtig optimistisch, dass diese und ähnliche Projekte dazu beitragen werden, die afrikanische Wildnis, die uns so ans Herz gewachsen ist, zu schützen und künftigen Generationen zu erhalten.